FAUSTO BRIZZI

# Meine Süße liebt Gemüse.

## Hilfe, ich habe eine Veganerin geheiratet!

W0176872

FAUSTO BRIZZI

# Meine Süße liebt Gemüse.

## Hilfe, ich habe eine Veganerin geheiratet!

Deutsch von
Christiane Winkler

blanvalet

Die Originalausgabe erschien 2016 unter dem Titel
*Ho sposato una vegana* bei Giulio Einaudi Editore s.p.a., Turin


Die Verse auf Seite 112 stammen aus dem Lied »Pietre«
von Gian Pieretti und Antoine (G. Pieretti/R. Gianco).

Verlagsgruppe Random House FSC® N001967


1. Auflage
Copyright der Originalausgabe © 2016 by Fausto Brizzi
License agreement made through Laura Ceccacci Agency S.R.L.
Copyright der deutschsprachigen Ausgabe © 2017
by Blanvalet in der Verlagsgruppe Random House GmbH,
Neumarkter Str. 28, 81673 München
Redaktion: Angela Troni
Umschlaggestaltung: © semper smile, München
Umschlagmotiv: © Shutterstock/indra-east
JaB · Herstellung: sam
Satz: Uhl + Massopust, Aalen
Druck und Bindung: CPI books GmbH, Leck
Printed in Germany
ISBN 978-3-7645-0621-6


www.blanvalet.de

*Für meine Frau Claudia.*
*Immer, außer wenn es Essen gibt*

# Inhaltsverzeichnis

»Der Mensch ist das einzige Tier, das errötet –
und allen Grund dazu hat.«

*Mark Twain*

»Und sie lebten für immer glücklich und zufrieden.«

Im Märchen enden alle Liebesgeschichten mit den optimistischsten und angenehmsten Adjektiven, die es gibt. Doch dieser Satz trügt, denn er gaukelt uns vor, dass das Paar, nachdem es sämtliche Verwünschungen, Drachen, Stiefmütter und Hexen besiegt hat, bis in alle Ewigkeit unzertrennlich sein wird. Diese eklatante Lüge erzählt man schon Kindern, um ihnen vorzugaukeln, dass es so etwas wie die ewige Liebe tatsächlich gibt. Das glauben sie dann auch – bis zu dem Tag, an dem die kleine Zicke mit den Zöpfen aus der zweiten Reihe in der achten Klasse sie auf der Klassenfahrt nach Pompeji verlässt.

Märchen sind dazu da, ebenjenen Irrtum zu schüren, dabei bricht die Handlung immer ab, kurz bevor die wahren Bösewichte die Bühne betreten, die so unglaublich niederträchtig sind, dass Captain

Hook oder Cruella de Vil dagegen wie sympathische Schlingel wirken: die Scheidungsanwälte.

Sollte sich unter Ihnen, verehrte Leser, zufällig der zukünftige Scheidungsanwalt meiner Frau befinden, möchte ich an dieser Stelle schon einmal betonen, dass ich Sie in den folgenden Kapiteln lediglich wohlwollend auf den Arm nehme – natürlich nur mit Ihrer Zustimmung. Allerdings lege ich auch großen Wert darauf, Sie wissen zu lassen, dass sich jedes noch so dramatische Detail, das ich hier wiedergebe, auch tatsächlich ereignet hat und kein Hirngespinst ist. Ich habe unzählige Verwandte, Freunde und Bekannte, die das zu meinen Gunsten bezeugen und die Vorfälle unter eidesstattlicher Erklärung bestätigen können. Entweder weil sie dabei waren, teilgenommen und in manch unglücklichem Einzelfall das eine oder andere sogar selbst probiert haben. So werden Sie, verehrter Herr Anwalt, am Tag der Verhandlung vielleicht ein wenig Nachsicht mit mir haben. Oder mir ein vielsagendes Lächeln schenken à la »Ich weiß, was du durchmachst, ich bin auf deiner Seite, aber sorry, mein Freund, das hier ist nun mal mein Job«.

Wie bereits erwähnt: Liebesgeschichten haben ein Ende, sozusagen ein Verfallsdatum, doch meistens ist es vorhersehbar und nicht weiter erzählenswert. Untreue, Betrug, zertrümmertes Geschirr, Enthüllungs-SMS, echte Tränen, gespielte Tränen, überflüssige Überlegungspausen, Kinder, die wie Flipperkugeln hin und her geschoben werden, Bücherregale und Platten, die aufgeteilt werden müssen (nur falls Sie über vierzig sind, sonst ist es einfacher). Wir alle haben schon mal dem detaillierten, meist gähnend langweiligen Bericht eines verzweifelten Freundes über das Ende einer Verlobung oder einer Ehe gelauscht – Sie wissen, was ich meine. Manchmal sind natürlich auch wir dem Dienst habenden Pechvogel mit unseren tränenreichen Klagen und Anschuldigungen auf die Nerven gegangen. Dabei ist das alles bloß überflüssiges Geschwätz und Gejammer. Es sind die vielen Stunden, die wir in Tränen aufgelöst an eine beendete Beziehung vergeuden, denen wir in den folgenden Jahren nachtrauern. Könnte ich all die verschwendeten Stunden wiederbekommen, in denen ich mir Schnulzen von Claudio Baglioni angehört habe, weil ein Mädchen mich verlassen hat, wäre ich garantiert ein paar Jahre jünger.

Das Ende einer Liebe ist die eine Seite, die man bei der Nacherzählung eines Lebens herausreißen sollte. Eine überflüssige Zwischenbemerkung, die nichts als Bedauern und Narben hinterlässt. Der spannende und im Grunde immer gleiche Teil, der das Publikum rührt und bewegt, ist stets der Anfang. Das wissen die Drehbuchautoren in Hollywood am besten.

Übrigens: Alle Liebesgeschichten beginnen mit dem ersten Treffen.

# Das erste Treffen

Shakespeare wollte es uns nicht verraten, doch auch Julia und Romeo haben sich heimlich in einem kleinen Lokal in der Nähe der Arena in Verona getroffen, lange bevor sie sich mit dem Gift völlig verzettelten. Bestimmt sind auch Mickey und Minnie in ein Autokino gefahren und haben sich einen Krimi angeschaut – weil er total darauf steht –, bevor sie sich zu Tode langweilten (also mal ehrlich, die beiden langweilen sich, das sieht doch jeder). Sogar Roger und Jesscia Rabbit haben sich an einem Kiosk in Toonstadt getroffen und an einem Hot Dog mit reichlich Senf geknabbert, bevor Roger, der Trottel, in den Schlamassel mit der Suppe geraten ist. Das ist unumgänglich. Alle Paare dieser Welt sind mit einem ersten Treffen vor ihrer Liebesreise in See gestochen. Egal ob geplant, zufällig, arrangiert oder heimlich – es ist der aufregendste

15

Moment, ein Schauspiel ohne Textbuch und Zuschauer, mit nur zwei Figuren, die damit beschäftigt sind, voreinander ihre wenigen Vorzüge hervorzukehren und ihre zahlreichen Fehler zu verbergen. Manchmal gelingt ihnen das außerordentlich gut, dann schießt Amor seinen leuchtenden Pfeil ab, manchmal aber auch nicht.

Amor hat bei dem ersten, heiß ersehnten Abendessen mit meiner späteren Ehefrau Claudia ganz sicher über das Ziel hinausgeschossen. Der Abend war so katastrophal, dass ich mich noch an jede Einzelheit und jeden Satz erinnere, als wäre es gestern gewesen. Nachdem wir uns flüchtig auf einer Feier bei gemeinsamen Freunden kennengelernt hatten, war es mir gelungen, sie zu einem Abendessen zu überreden. Sie nahm die Einladung vermutlich mehr aus Höflichkeit als aus echtem Interesse an meiner Person an. Ich hingegen war sehr an ihr interessiert, weshalb ich auch die Bühne sorgfältig wählte: ein kleines, romantisches Lokal mitten in der Altstadt, das auf gegrilltes Fleisch, Wurstwaren vom Cinta-Senese-Schwein und Büffelmozzarella spezialisiert ist – ein Beweis dafür, dass Gott tatsächlich existiert und in Caserta wohnt. Ich wollte auf keinen Fall einen schlechten Eindruck hinterlassen. Also holte ich Claudia pünktlich bei ihr zu Hause ab. Ich hatte sogar meinen Toyota Corolla waschen lassen, was für mein treues, heruntergekommenes

Auto ein epochales und zugleich traumatisches Ereignis war. Während der gesamten Fahrt vermied ich es tunlichst, meiner Begleiterin etwas über das gastronomische Paradies zu verraten, in das ich sie bringen wollte. Es sollte eine Überraschung sein. Nun ja, die Überraschung ist mir gelungen.

Sobald sie einen Blick auf die Karte geworfen hatte, erblasste sie unter ihrem Rouge, doch als geübte Schauspielerin tat sie so, als könnte sie sich nicht entscheiden, welche der Leckereien sie nehmen sollte. Als schließlich der Kellner kam, verstieß ich gegen jede Benimmregel und bestellte als Erster. Ich hatte Appetit und orderte eine Vorspeise mit Pata-Negra-Schinken und gemischtem Käse, danach Eierfettuccine mit Wildschweinragout und als Hauptgang einen herrlichen Braten mit Ofenkartoffeln. Um nicht unhöflich zu sein.

Claudia zuckte nicht mit der Wimper, sie beschränkte ihre Bestellung auf eine Portion Wilden Lattich mit Rosinen und Pinienkernen, gefolgt von einem grünen Salat ohne Dressing. Wie nervig, dachte ich nur, schon wieder eine Schauspielerin, die auf ihre Figur achtet und ständig auf Diät ist. Erst nach ein paar Minuten und nachdem ich mir den Squacquerone-Käse einverleibt hatte, eröffnete sie mir die schreckliche Wahrheit.

»Ach, übrigens, ich bin Veganerin.«

Sie sagte das so, als wäre es eine Selbstverständlichkeit. Fast als würde das auch noch beinhalten: Wie, das wusstest du nicht?

Verdammt noch mal, natürlich wusste ich das nicht, sonst hätte ich dich ja wohl kaum in ein Wurstwarenparadies geschleppt, um dich zu verführen, oder?

Ich blieb ein paar Sekunden lang regungslos sitzen mit meinem Käseschnurrbart. In dem Moment wurde mir klar, dass ein menschliches Wesen durchaus die Zukunft vorhersagen kann. Ich, frisch gebackener Nostradamus, wusste nämlich plötzlich mit absoluter Sicherheit, dass Claudia und ich an dem Abend nicht miteinander schlafen würden. Dass es nicht einmal zu einer zarten Annäherung zwischen ihrer makellos veganen Mundhöhle und meinen Fleisch fressenden, gefräßigen Lippen kommen würde. Das erotische Ziel zu erreichen, nach dem ich schmachtete, erschien mir auf einmal ähnlich schwer wie die Besteigung des Mount Everest für einen hinkenden Bergsteiger, der keine Sauerstoffflasche dabeihat.

Ich legte die Gabel auf den Teller und fragte Claudia mit dünner Stimme: »So richtig vegan vegan?«

Die Frage war wirklich nicht sehr scharfsinnig. Vegan zu sein ist ein Status, kein Adjektiv. Genau wie schlank, klein, kahlköpfig oder tot. Niemand würde jemals fragen: »Ist dein Schwager so richtig kahl kahl?« Oder: »Ist deine Schwiegermutter wirklich mausetot tot?«

Kahlköpfig ist kahlköpfig. Tot ist tot. Vegan ist vegan. Punkt.

Claudia antwortete zu Recht: »Nein, ich gehe einmal in der Woche im Wald auf die Jagd, fang mir ein Reh, stranguliere es und grille es am Spieß.«

Ich hatte diese ironische Ohrfeige verdient.

Sie war also Veganerin. Eine wesentliche Information, die ich nicht rechtzeitig erhalten hatte, um mir eine wirksame Verteidigungsstrategie zu überlegen. Ich schaute mich unbehaglich um. Im Restaurant hingen überall Haken mit Schinken, Mortadella und Caciocavallo-Käse. Sie hatte sicher gedacht, dass ich sie veräppeln oder provozieren wollte, als sie das Lokal betrat. Ich musste unbedingt etwas zu meiner Entlastung tun.

»Das wusste ich nicht, ehrlich.«

»Kann ich mir vorstellen. Mach dir um mich keine Gedanken. Iss du ruhig weiter Kadaver, wenn du magst. Ich bin tolerant, was das angeht.«

Kleine Zwischenbemerkung: Ihr letzter Satz war eine infame Lüge, eine von der Sorte, die man bei einem ersten Treffen so sagt. Sie ist ganz und gar nicht tolerant, wenn es um Ernährung geht. Alle Nichtveganer gehören für meine Frau einer minderwertigeren Rasse an, sind eine weltweit agierende Sekte blutrünstiger Mörder, die den Rest ihres Lebens in Trauer und Armut oder für immer in Alcatraz verbringen sollten, das man allein für diesen Zweck wiedereröffnen sollte. Doch das wurde mir leider erst viel später klar.

Um wenigstens ein Fünkchen Würde zu bewahren, starrte ich erst prüfend und dann angewidert die restlichen Scheiben Pata-Negra-Schinken auf meinem Teller an und gab dem Kellner ein Zeichen, alles abzuräumen. Ich musste die Lage retten, wusste allerdings, dass ich mich auf einem Terrain bewegte, das verminter war als die irakische Wüste.

»Ihr Veganer esst kein Fleisch, genau wie Vegetarier, oder?«

Ich gebe ja zu, dass ich zu der Zeit nicht sonderlich viel von der Sache verstand.

»Ja«, antwortete sie. »Aber auch keine anderen Produkte, die einem Tier Leid verursacht haben könnten, wie Milch und Honig.«

»Ach, auch keinen Honig?«

»Natürlich nicht, die armen Bienen!«

*Arme Bienen.* Ein verräterischer Satz. Ich hätte mit der Reaktionsschnelligkeit eines Usain Bolt von meinem Stuhl aufspringen und, ohne die Rechnung zu bezahlen, mit langen Sätzen in die römische Nacht verschwinden sollen. Doch ich tat es nicht und frage mich noch heute, warum.

Stattdessen fragte ich mit gespielter Neugier: »Und… was esst ihr dann so?«

»Alles andere. Kerne, Getreide, Hülsenfrüchte, Obst und Gemüse. Wusstest du, dass die menschliche Verdauung auf Pflanzenverzehr, nicht auf Fleischverzehr ausgerichtet ist?«

Plötzlich fühlte ich mich wieder in die Zeit am naturwissenschaftlichen Gymnasium Nomentano zurückversetzt, wenn ich vor der Klasse stand und mich die grausame Adelaide Cotti Borroni ausfragt, die mich nicht ausstehen konnte. Wie damals stand ich auch jetzt kurz davor, das übliche »Ungenügend« zu kassieren. Und einen Eintrag ins Klassenbuch. Ich versuchte zurückzuschießen.

»Soll das heißen, dass wir keine Allesfresser sind?«

»Nein. Jedenfalls nicht ursprünglich. Unser Darm ist ungefähr acht Meter lang, der eines Löwen zum Beispiel nur drei. Es ist ganz typisch für Pflanzenfresser, dass sie einen langen Darm haben.«

»Ach, echt? Das wusste ich nicht ...«

»Wir können Fleisch nicht so gut verdauen«, erläuterte Claudia. »Es verwest bloß auf seiner langen Reise durch unseren Organismus.« Synchron mit dem Wort »verwest« stellt der Kellner triumphierend die Fettuccine mit dem Wildschweinragout vor mir auf den Tisch. Ich sah sie angewidert an.

»Kuhmilch ist für uns auch schwer verdaulich«, fuhr Claudia fort. »Sobald wir erwachsen sind, verfügt unser Körper nicht mehr über die Enzyme, die zur Spaltung von Laktose nötig sind. Das kann ganz unterschiedliche Symptome hervorrufen, zum Beispiel einen Blähbauch oder Kopfschmerzen. Ganz zu schweigen vom Kasein, das Entzündungen im Organismus hervorruft.«

Ich konnte es immer noch nicht glauben, dass der Abend in diese Richtung lief und wir uns tatsächlich über Kasein unterhielten.

*Worüber hast du dich denn gestern Abend mit Claudia unterhalten? Vorwiegend über die schädliche Wirkung von Kasein!*

Schnell ließ ich mir etwas einfallen, um nicht genauso schweigend dazustehen wie vor Signora Cotti Borroni.

»Ich habe fast jeden Morgen Kopfschmerzen, aber dann nehme ich eine Ibuprofen und sie gehen sofort weg.«

»Was isst du denn zum Frühstück?«, fragte sie mich, und man sah ihrer Miene deutlich an, dass sie die Antwort bereits kannte.

»Meistens eine Tasse warme Milch mit ein paar Keksen, dazu Toastbrot mit Butter und Marmelade und ab und zu eine Banane, aber nicht immer.«

Auf ihrem Gesicht spiegelten sich Ekel und Ungläubigkeit, als sie mich ansah.

»Das soll wohl ein Witz sein, oder?«

»Nein. Manchmal, wenn ich nicht genügend Zeit habe, gehe ich auch in eine Bar und bestelle mir einen Latte macchiato mit einem Maritozzo.«

»Was ist denn ein Maritozzo?«

»Eine römische Spezialität, ein süßes Brötchen mit einem Spalt in der Mitte und süßer Sahne drin.«

Schweigen.

Der grausame Zufall wollte, dass in dem Moment niemand im ganzen Lokal etwas sagte. Ich hörte nur das ohrenbetäubende Hämmern meines Herzens, während das Adrenalin durch meinen Körper jagte.

Ich musste aufholen. Nach der ersten Hürde wollte ich mich nicht gleich geschlagen geben.

»Aber das Maritozzo höchstens einmal in der Woche. Meistens esse ich einen Donut.«

»Frittiert und mit Zuckerguss?«

»Wie denn sonst?«

»Entschuldige, aber ich esse morgens nie in der Bar, das ist eine kapitalistische Unsitte, die ich überhaupt nicht nachvollziehen kann. Warum sollte ich im Stehen und an verschwitzte fremde Leute gedrängt frühstücken und dabei fettige, Krebs erregende Lebensmittel von zweifelhafter Herkunft zu mir nehmen? Absolut unverständlich.«

Na toll! Sie hatte soeben eine meiner schönsten Kindheitserinnerungen zerstört. Opa und ich alleine beim Frühstück in der Bar um die Ecke. »Erwachsenenfrühstück«, wie ich es nannte. In Wirklichkeit hatte mein Lieblingsopa also nur versucht, mich ohne mein Wissen umzubringen. Ich erging mich in einer Pflichtverteidigung aller existierenden italienischen Bars und Großväter.

»Aber du musst doch zugeben, dass viele Snacks in der Bar total lecker schmecken, selbst wenn sie ungesund sind, und man sich diese Sachen zu Hause so gut wie nie macht. Wer belegt sich zu Hause schon Sandwichs oder backt Croissants?«

»Lecker, sagst du? Warum sollte ich Sachen lecker finden, die unglaublich viel Gift für unseren Organismus enthalten?«

Jetzt stand ich nicht mehr vor meiner Lehrerin, sondern wurde in Ketten direkt vor das Inquisitionsgericht gezerrt, das mich zum Tod durch Enthauptung wegen wiederholten Verstoßes gegen eine korrekte Ernährungsweise verurteilte.

»Jedenfalls frühstücke ich gewöhnlich lieber zu Hause.«

»Mit warmer Milch und Keksen?«

»Ja…«

»Kein Wunder, dass du Kopfweh hast! Du vergiftest deinen Organismus, und die Schmerzen sind die Alarmglocke. Du verseuchst ihn jeden Tag mit Kuhmilch und Zucker. Ich weiß nämlich genau, dass du Zucker und Industriekakao reintust, und die Kekse sind bestimmt aus Weißmehl, ungesättigten Fettsäuren, Palmöl und wer weiß was noch alles. Vermutlich toppst du das Ganze mit weiteren Kohlenhydratbomben wie Butter und Marmelade.«

»Meine Mutter macht sie selbst…«

»Mit weißem Zucker?«

»Bis heute schon, aber ab morgen ganz bestimmt nicht mehr. Ich schwöre, ich werde es verhindern.«

Seit ich im Kindergarten einer Nonne unter den Rock geschaut hatte, um zu sehen, was sich darunter verbarg, und sie mich bei meinem Vater verpfiff, war ich nicht mehr so in Verlegenheit gewesen. Ich hatte nicht ausreichend rhetorische Waffen zur Hand, um auf den veganen Angriff zu reagieren. Alles, was ich sagte, wurde gegen mich verwendet. Vermutlich war es besser zu schweigen, so wie es Anwälte ihren Klienten bei der ersten Vernehmung empfehlen. Oder von meinem Zeugnisverweigerungsrecht Gebrauch zu machen.

»Die Banane ist das einzig Richtige, was du zum Frühstück isst«, fuhr Claudia unerschütterlich fort. »Aber du solltest sie mit nichts anderem kombinieren. Sonst fermentiert sie im Magen und behindert die Verdauung. Obst sollte man mindestens eine halbe Stunde vor den Mahlzeiten verzehren. Niemals danach, wie wir Italiener das machen, und auch nicht zwischendrin.«

Damit hatte sie in drei Zügen das klassische kontinentale Frühstück auseinandergenommen, ein Aushängeschild fast aller Hotels auf der ganzen Welt.

»Mit der Banane könntest du aber eine herrliche Creme Kousmine herstellen: ein Löffel kalt gepresstes Leinöl, dazu geröstete Sesamkerne ... Aber das erkläre ich dir vielleicht ein andermal.«

»Ja, vielleicht, danke. Ein Cappuccino mit Sojamilch und ein, sagen wir, einfaches kleines Croissant wären also besser?«, fragte ich und mühte mich mit den spärlichen Kenntnissen ab, die ich hatte.

»Kein Kaffee, kein Croissant. Der Kaffee geht zu sehr aufs Herz, das Croissant steckt voller Gluten und ist mit Hefe gemacht. Vermutlich nimmst du dir auch noch eines mit Vanillecreme.«

»Nein, eins aus Vollkornmehl mit Honig!«, antwortete ich voller Überzeugung und wie aus der Pistole geschossen.

»Umso schlimmer! Honig ist nicht Teil der veganen Ernährung!«

*Mensch, Fausto, konzentrier dich! Das hat sie doch gerade erst gesagt.*

»Außerdem ist das handelsübliche Vollkornmehl gar kein richtiges Vollkornmehl. Wenn es nicht aus biologischem Anbau stammt, wird dem normalen Weißmehl nur Kleie hinzugefügt, damit man denkt, dass es sich um ein unverfälschtes Produkt handelt.«

Fertig, aus, sie hatte gewonnen. Ich war ein grenzenloser Idiot und hatte die Niederlage verdient. Jetzt blieb mir nur noch, die Sache herunterzuspielen.

»Es wäre bestimmt besser gewesen, wenn ich dich heute Abend auf ein Eis eingeladen hätte.«

»Eis enthält Milch.«

»Fruchteis nicht.«

»Das enthält Zucker.«

»Eis ist also auch verboten?«

»Nein, nicht wenn du es zu Hause aus Bioobst selbst zubereitest und mit etwas Stevia süßt.«

Ich hatte natürlich keine Ahnung, was zum Henker Stevia sein sollte, nickte aber voller Überzeugung.

»Klar, ein Teelöffel Stevia geht immer.«

»Stevia ist eine Pflanze. Man verwendet ihre Blätter.«

»Ah, die Blätter, genau! Sorry, ich war verwirrt.«

Sie musterte mich verächtlich und voller Mitleid. Es war klar, dass sie mich für den Vertreter einer unterentwickelten Rasse hielt, einen kleinen römischen Neandertaler, der noch nicht einmal einer Unterrichtsstunde in gesunder Ernährung würdig war. Den Rest des Abendessens verbrachten wir mit Smalltalk über den verspäteten Sommeranfang, die Filme, die wir gesehen hatten, und den letzten Urlaub. Auf das Thema »Essen und Gesundheit« kamen wir nicht mehr zu sprechen.

Jedenfalls aß ich nichts mehr, was tierischer Herkunft war, und als Dessert wählte ich ein harmloses, fettfreies Zitronensorbet.

In frommem Schweigen brachte ich sie nach Hause, nur unterbrochen von meinen falschen Versprechungen, mir demnächst ein Hybridfahrzeug anzuschaffen, um die Umwelt nicht so sehr zu verpesten. Bevor sie aus meinem Schadstoffklasse-2-Toyota stieg, verpasste Claudia mir noch eine verbale Ohrfeige, die ich nie vergessen werde:

»Du gefällst mir wirklich sehr... schade, dass du bald sterben wirst.«

Dann verschwand sie in die Nacht.

Ich blieb regungslos und bei laufendem Motor sitzen. In ihrem letzten Satz steckte ganz schön viel drin. Irgendwie war es ihr gelungen, eine Liebeserklärung, eine Verabschiedung und eine Grabinschrift auf einmal hineinzupacken. Ich beschloss, das Glas als halb voll zu betrachten. Ich gefiel ihr. Unter den gegebenen Umständen konnte ich das durchaus als Teilerfolg verbuchen. Oder zumindest als unverdienten Ausgleich in der neunzigsten Minute.

# Vegas Kräfte

Kleine, aber notwendige Erläuterung am Rande: Warum habe ich nach dem tragischen und peinlichen Abendessen Claudias Nummer nicht sofort gelöscht? Legen Sie das Buch kurz beiseite, nehmen Sie Ihr Handy und googeln Sie den Namen Claudia Zanella. Fertig? Dann verstehen Sie sicher, dass mein Anliegen ein ganz urtümliches, völlig banales war: Es hatte rein ästhetische Gründe.

Sparen Sie sich Ihre ironischen Kommentare, ich weiß genau, dass ich ein typischer Klischee-Italiener bin, der mehr an die Form als an den Inhalt denkt. Bedenken Sie aber, dass es allein schon ein übernatürliches Ereignis ist, wenn eine Frau, die bei der Wahl zur Miss World teilgenommen hat (und das ist jetzt nicht nur so dahergesagt, sie hat tatsächlich teilgenommen, obgleich nicht gewonnen), mich geheiratet hat. Sie stellte für mich ein derart unerreichbares Ziel dar, dass es die zusätzliche Prise Engagement und Geduld wert war. Doch nicht nur ihr Aussehen machte sie unwiderstehlich für mich. Claudia war und ist ein Planet, der erforscht werden will. Ein unbekannter, geheimnisvoller Planet. In einem Anfall überbordender Fantasie würde ich sogar sagen, der Planet Vega.

Da sie einem anderen Sonnensystem entstammt, ist sie ganz anders als wir Menschen, vor allem als ich. Wir haben beispielsweise nicht denselben kulturellen Background. Wir mögen nicht dieselben Sänger, Filme oder Bücher, haben nicht die gleichen Hobbys und – das bedarf eigentlich keiner Erwähnung mehr – mögen nicht das gleiche Essen. Sie ist in allem das genaue Gegenteil von mir, und mit ihr auszugehen ist so, als würde man bei Amerigo Vespucci oder Christoph Kolumbus anheuern und mit ihrer Besatzung auf Entdeckungsreise der neuen Welt gehen.

Kurz, Claudia hatte mich neugierig gemacht und wirkte ausgesprochen anziehend auf mich. Wenn man neugierig auf jemanden ist und ihn anziehend findet, gibt es dafür niemals einen echten Grund. Das ist einfach so und damit basta.

Mein Interesse an ihr stellte ein enormes Problem dar, denn ich war mir sicher, dass Claudia mich nach jenem schrecklichen Abend für einen unzivilisierten, herzlosen und grausamen Kannibalen hielt. Wenn ich auch nur die geringste Chance haben wollte, hatte ich keine andere Wahl: Ich musste mich über das Thema informieren und der veganen Lebensweise gegenüber aufgeschlossen sein. Zwar konnte ich mich im Nachhinein nicht mehr als Vegetarier ausgeben, war mir aber zumindest sicher, dass ich wenigstens überzeugend Interesse heucheln konnte. Mich zu einem glaubwürdigen Veganer-Anwärter entwickeln, das bekam ich auf jeden Fall hin.

Dass ich Claudia dabei unterschätzte, muss ich wohl nicht erst erwähnen. Das Problem war nicht, mich beim zweiten Date in kulinarischer Hinsicht richtig zu verhalten. Das Problem war, überhaupt ein zweites Date zu erhalten.

Kurze Zeit danach stellte ich fest, dass ich, ohne es zu wissen, an einer grausamen Stichwahl mit einem weiteren Anwärter teilnahm, den sie zur Hand hatte. Eine Art hausgemachte Talentshow mit zwei Finalisten, bei der es Claudias Herz zu gewinnen gab. Schade, dass mein Gegner seit vier Generationen vegan lebte, Aktivist bei Greenpeace war und monatlich an ein Heim für ausgesetzte Tiere spendete. Gegen Brad Pitt hätte ich bessere Chancen gehabt (er soll übrigens auch vegan leben, als wären Anmut, Ruhm und Reichtum nicht genug).

Zum Glück wusste ich nicht, dass ich der Außenseiterkandidat war, sonst hätte ich mich vermutlich sofort aus der Kampfzone zurückgezogen. Ich habe

31

nie erfahren – und weiß es bis heute nicht –, an welcher Stelle mein Gegenspieler einen Fehler gemacht hat, aber ich bin mir sicher, dass es ein eklatanter gewesen sein muss, wenn er ein Match verlor, bei dessen Beginn er klar im Vorteil war.

In jenen Tagen strengte ich mich jedenfalls sehr an, um allwissend im »grünen Universum« zu werden. Seit dem Abitur hatte ich nicht mehr so viel gebüffelt. Ich verbrachte ganze Nächte im Internet, um mich zu informieren und Formulierungen herauszusuchen, die da lauteten: »Der Unterschied zwischen Veganern, Obstessern und Rohkostlern«, oder: »Warum Frischkäse unser Feind ist«, oder: »Wie Tofu sich auf die Laune unseres Darms auswirkt«.

Die größte Hürde war meine konfliktgeladene Beziehung zu dem Wort »vegan«, bei dem es sich um einen Neologismus aus den Vierzigerjahren des Engländers Donald Watson handelt, der das Wort »*vegetarian*« komprimierte. Ich will versuchen, es Ihnen zu erklären: Meiner Meinung nach teilt sich die Welt nicht wie für die meisten anderen Leute in dumme und intelligente Menschen, in große und kleine, sympathische und unsympathische, ehrliche Menschen und Betrüger auf. Nein. Die Grenze verläuft zwischen denjenigen, die bei dem Begriff »Goldorak« nostalgisch werden, und jenen, die nicht einmal wissen, wovon ich rede. Bei der ersten Kategorie handelt es sich meistens um Männer über vierzig. Sie müssen die folgenden Zeilen nicht mehr lesen, weil sie bereits wissen, dass Veganer, also die Bewohner des Planeten Vega, böse sind und mit Vorliebe unsere geliebte Erde angreifen, um sie zu erobern. Dieses Kapitel richtet sich daher an all jene, die nicht wissen, dass Vegas Kräfte angreifen, wenn der Mond sich rot färbt.

Lassen Sie uns ungefähr vierzig Jahre zurückgehen.

Alles begann an einem Montag im Jahr der Gnade 1978, ein Jahr bevor die ahnungslose Claudia geboren wurde. Ich war bei Riccardo, um mit ihm zusammen Hausaufgaben zu machen. Er war mein Klassenkamerad in der Grundschule und besser im Dribbling als im Einmaleins. Riccardo wohnte in einer Parallelstraße zu meiner, zirka dreißig Meter Luftlinie entfernt. Nicht einmal zwei Häuserblocks machten den Unterschied. Ich fand immer, dass seine Straße weniger proletarisch war als meine, und ich hatte sogar den Beweis dafür. Seine Familie besaß nämlich ein Juwel der jüngsten Generation, einen Philips-Farbfernseher. Tagtäglich drehte ich an dem seitlichen Riesenregler des Schwarz-Weiß-Voxson meiner Eltern herum, um die Privatsender reinzubekommen, auf denen die Filme von Franco und Ciccio liefen. Rickys Wohnzimmer hingegen betrat ich, als wäre es die Kommandobrücke der

Enterprise. Ab und zu ging ich zu ihm, um die Fußballspiele der italienischen Nationalmannschaft zu sehen, wobei der Begriff »Azzurri« eine völlig neue Bedeutung für mich bekam. Dann wieder schaute ich Formel 1 und entdeckte, dass die Ferraris tatsächlich rot und nicht grau waren.

An jenem Nachmittag 1978 übertrug der Kinderkanal einen neuen japanischen Zeichentrickfilm: *Goldorak*. Hauptfigur ist Duke Fleed, ein junger, attraktiver Außerirdischer, der sich kurz vor der Zerstörung seines Planeten abseilt (genau wie bei Superman, wie sinnig) und sich auf die Erde flüchtet. Im Gepäck hat er den legendären, ungefähr dreißig Meter hohen Roboter Goldorak, der über unglaubliche Vernichtungswaffen und ein Raumschiff verfügt, in das der Roboter sich perfekt integriert. Kurzum, Duke Fleed und sein Roboter Goldorak werden zusammen mit ein paar Freunden zu Verteidigern der Erde und leisten den heimtückischen Vega Widerstand, die die Erde erobern wollen.

Noch heute habe ich die Monster vor Augen, die von Vega ausgesandt wurden, um Goldorak zu zerstören, ebenso die aggressive Flotte kleiner Minidiscs, die gefährlich wie Tigermücken an einem klebrigen Sommerabend herumschwirrten. Von jenem Tag an schaute ich über zwei Jahre gespannt den Abenteuern von Duke Fleed im Farbfernsehen zu. Ich kann die Titelmelodie besser auswendig als das Vaterunser und träume noch immer davon, »Space-Hellebarde!« zu schreien.

Wenn Sie jetzt denken, dass ich psychisch gestört bin, dann kann ich das nur bestätigen. Einer ganzen Generation männlicher Wesen, die Ende der Sechziger- und Anfang der Siebzigerjahre geboren wurden, läuft ein Schauder den Rücken herunter, wenn sie das Wort »Veganer« hören. Ich fand es schon immer total schräg, für einen Ernährungsstil denselben Begriff zu verwenden. Genauso schräg ist auch der Ernährungsstil an sich, jedenfalls war er das für meine kulinarischen Gepflogenheiten zur Zeit unseres ersten Treffens.

Fast alle meine Lieblingsgerichte waren mit der veganen Lebensweise unvereinbar. In der chronologischen Reihenfolge ihres Auftretens in meinem Leben zähle ich hier aus dem Gedächtnis meine eher wenig veganen Lieblingsgerichte auf: Milch im Kindergarten, Puddingschnecken in der Grundschule, weiße Pizza mit Mortadella in der Mittelschule, Cheeseburger am Gymnasium, mit Vanillecreme gefüllte Krapfen frühmorgens während der Uni, danach Tiramisu, Auberginen alla Parmigiana, Lasagne, Spaghetti Carbonara, frittierte Tintenfische und Krebse, Kartoffelbrei mit Butter, Profiteroles, selbstgebackenes Brot mit Frischkäse, nicht zu vergessen die Reiskroketten aus der Rosticceria vor dem Fitnessstudio sowie die unvergesslichen und unübertroffenen Frikadellen meiner Oma. Wenn Sie beim Lesen dieser Zeilen Hunger bekommen, dann können Sie meinen Kummer vermutlich gut nachvollziehen.

Ich hatte mich nämlich in eine Veganerin verliebt.

# Das zweite Date

Es bedurfte all meiner legendären Erfahrung als Verfasser von netten Kurznachrichten, um die heiß ersehnte zweite Verabredung zu ergattern. Ich braute einen teuflischen Cocktail aus witzigen Guten-Morgen- und romantischen Gute-Nacht-SMS, die ich mit originellen Tier-Emoticons kombinierte. Kurz bevor ich mir eine Anzeige wegen Stalkings am Telefon einhandelte, gab Claudia nach und nahm eine erneute Einladung zum Abendessen an.

Um sicherzugehen, kam sie in ihrem Kleinwagen, damit sie genau wie Eva Kant aus dem *Diabolik*-Comic eine Fluchtmöglichkeit hatte. Ich hatte ihr vorab die Adresse des Restaurants geschickt und betont, dass ich den Küchenchef ausdrücklich um ein veganes Menü gebeten hätte. Nur in Bezug auf zwei Dinge hatte ich sie angelogen. Es war nicht die Adresse eines Restaurants, sondern die meiner

Wohnung. Und der Küchenchef war ich selbst. Als sie es bemerkte, hatte sie bereits geparkt und stand vor der Gegensprechanlage. Viel zu spät, um umzukehren. Sie saß in der Falle.

Ich hatte auf jedes noch so kleine Detail geachtet und die Küchenschränke sowie den Kühlschrank von allen tierischen Substanzen befreit. Selbst das Team von *CSI* hätte keine Spuren mehr gefunden, nicht einmal mit Luminol. Zur Sicherheit hatte ich mich nicht darauf beschränkt, die verbotenen Nahrungsmittel wegzuräumen, ich hatte sie vielmehr samt und sonders an meine Kollegen verschenkt. Ich wollte kein Risiko eingehen. Einzige Ausnahme war das für mich unverzichtbare Fünfkiloglas Nutella, ein äußerst willkommenes Geschenk eines Freundes, das ich hinter einer Reihe Romane in meinem riesigen Bücherschrank verbarg. Quasi unauffindbar.

Allerdings hatte ich nicht nur in gastronomischer Hinsicht reinen Tisch gemacht. Meine Wohnung war sozusagen generalüberholt, inklusive ein paar besonderer Perlen, die ich in den Räumen verteilte. Auf mein Nachtkästchen legte ich den neuesten Roman von Niccolò Ammanti, um gebildet und romantisch rüberzukommen, neben den Fernseher stellte ich die DVD-Box von *Breaking Bad*, um hip und modern zu wirken, und auf den Tisch legte ich die neueste Ausgabe des *Focus*, um wie ein Umweltschützer und vielseitig interessiert daherzukommen. Die *Auto Motor und Sport* und den amerikanischen *Playboy* deponierte ich vorsorglich in der Garage. An ihre Stelle platzierte ich ein paar altmodische Ausgaben von *Linus* (die sehr nach ehemals linksorientiert aussahen) und die alte italienische Enzyklopädie *Quindici* aus den Siebzigerjahren. (Ich hatte eine herrliche, rührende, selbstverständlich erfundene Anekdote dazu vorbereitet, wie meine Oma sie mir geschenkt hatte).

Sorgfältig hatte ich mir ein Menü überlegt, für das ich einen Tag Vorbereitungszeit brauchte und die Hilfe meiner Nachbarn, zweier Profiköche, in Anspruch nahm. Es sollte ein köstliches, aber leichtes Essen werden (schließlich wollte ich mich für den eventuellen zweiten Teil des Abends nicht zu voll fühlen), das mein kulinarisches Talent unterstreichen sollte. Ich hatte es sogar ausgedruckt, wie man das bei Hochzeiten oder zu anderen wichtigen Anlässen tut.

## *Menü*

*Antipasti*
Bruschettine mit Pilzen und Limette
Blätterteigkörbchen mit Spargelfüllung
Avocadocreme und Kapern aus Pantelleria

*Erster Gang*
Kürbiscremesuppe mit Karotten und Nüssen
Risotto mit Orange und Minze

*Zweiter Gang*
Sojahäppchen mit Curry, dazu Basmatireis
Kartoffelauflauf, Tofu
und Gemüse an Spinathäppchen

*Dessert*
Obstsalat in Pfefferminzsauce mit Schokolade

Selbst einem hartgesottenen Allesfresser wäre beim
Lesen dieser Leckereien das Wasser im Munde zu-
sammengelaufen. Fügen Sie dem Ganzen nun noch
eine gekonnte Beleuchtung mit Kerzenschein wie
im Buckingham Palace und sanfte, etwas altmodische Hintergrundmusik hinzu (ich hatte Musik aus
den Neunzigern gewählt, da war Claudia ein Teen-
ager). Kurzum, ich hatte nichts dem Zufall überlassen. Zumindest dachte ich das.

Nachdem ich Claudia das Menü gezeigt und ihr
gesagt hatte, dass ich nur noch eine Viertelstunde
bräuchte, um ein paar der Gerichte fertig zu kochen, brach ein wahrer Befragungshagel über mich
herein, als ob ich in den Watergate-Skandal verwi-
ckelt gewesen wäre:

- Hast du bei den Bruschette auch auf die natürliche Säuerung des Brotteiges geachtet?

- Wusstest du, dass Pilze komplexe Kohlenhydrate enthalten, vor allem Chitin, das schwer verdaulich ist?

- Stammt der Spargel auch aus biologischem Anbau? Und die Avocado?

- Wie lange hat die Kürbiscremesuppe gekocht? Nach nur einer Minute bei hundert Grad werden die Vitamine zerstört, vor allem die der Gruppe B und C.

- Ist das Basmati-Vollkornreis?

- Wusstest du, dass Tofu aus Soja gemacht ist? Es gibt zwei sojahaltige Hauptgerichte. Soja hat gewisse Nebenwirkungen, man sollte es damit nicht übertreiben.

- Hat die Schokolade auch einen Kakaoanteil von mindestens achtzig Prozent?

- Im Obstsalat sind doch nicht etwa Wassermelone und Melone? Die sollte man nicht mit anderen Früchten und Kohlehydraten verzehren.

Am liebsten hätte ich das lauteste »Leck mich doch am Arsch« der Menschheitsgeschichte herausgeschrien, aber da ich mir die ganze Mühe nicht umsonst gemacht haben wollte, versuchte ich mich zu verteidigen. Das Problem war, dass ich auf einige Fragen keine Antworten hatte und auf andere nicht antworten konnte, weil ich sonst als veganer Koch und Anwärter áuf Claudias Hand definitiv durchgefallen wäre. Schließlich griff ich auf einen alten, aber bewährten Trick zurück, der da lautet: Die gute Absicht zählt. Im Grunde hatte ich mich bemüht, und auch wenn dieses Abendessen nicht perfekt bio und eines Gesundheitsapostels würdig war, so war es doch ein anerkennenswerter Versuch. Während des ersten Ganges gab ich meine Anekdote über Omas Geschenk zum Besten, beim zweiten Gang kündigte ich meine bevorstehende Probezeit als Veganer an, beim Dessert streichelte ich beiläufig ihre Hand, und sie zog sie nicht weg.

Dann fragte ich: »Willst du einen Kaffee?«

Sie müssen wissen, dass ich die Nebenwirkungen von Kaffee inzwischen im Schlaf aufsagen kann. Er benebelt die Sicht und trocknet die Schleimhäute aus, verursacht außerdem Übelkeit, Magengeschwüre, Herzrasen und Reizbarkeit. Außerdem Schlaflosigkeit, Durchfall, Schwindel und vieles mehr.

Aus diesem Grund trinkt Claudia keinen Kaffee. Augenblicklich trat ich ebenfalls der Partei der Kaffeegegner bei.

»Ich trinke fast nie Kaffee, höchstens manchmal einen Cappuccino.«

Hätte ich das bloß nicht gesagt.

»Kaffee mit heißer Milch ist mörderisch. Die Tanninsäure im Kaffee verbindet sich unter Hitzeeinfluss mit dem Kasein der Milch und bildet Tanninkasein, eine wirklich schwer verdauliche Mischung.«

Wenn Sie dem Ganzen nun noch die schreckliche Entdeckung hinzufügen, dass ich ihr einen Kapselkaffee gemacht hätte, werden Sie verstehen, dass sich alle bisher gewonnenen Punkte in einer Tasse Gerbsäure auflösten.

Claudia schlug als Alternative einen reinigenden Kräutertee vor.

»Was für Tees hast du denn da?«

»Verschiedene, ich bin leidenschaftlicher Teetrinker.« Inzwischen log ich mit der Unbefangenheit eines Judas.

Verzweifelt kramte ich in der Vorratskammer und suchte nach längst vergessenen Teebeuteln. Irgendwo musste doch noch ein Kräutertee sein. Claudia half mir bei der Suche und zog eine der unteren Schubladen heraus. Das hätte sie besser nicht tun sollen. Entsetzt wich sie einen Schritt zurück, als hätte sie eine Leiche in Formalin entdeckt.

»Was ist das?«, donnerte sie anklagend.

Ich bückte mich und sah mir das betreffende Teil an. Es handelte sich um einen jener mittelalterlichen Gegenstände aus Holz und Metall, auf die man einen Schinken schrauben kann, damit er sich besser schneiden lässt. Den Schinken hatte ich verschwinden lassen, hatte dann aber nicht den Mut gehabt, mich von diesem nützlichen Gerät zu trennen.

»Das war ein Geschenk«, antwortete ich mit dünner Stimme.

»Bei gewissen Geschenken muss man sich einfach trauen, sie wegzuwerfen.«

Das tat ich dann umgehend und verabschiedete mich für immer von meinem Gefährten, der mir bei unzähligen Weihnachtsfeiern im Kreis der Familie treue Dienste geleistet hatte.

Zum Glück war das Abendessen irgendwann vorbei. Es war an der Zeit, sich auf das Sofa zu setzen und mit Claudia ein wenig Smalltalk zu machen. Doch sie witterte die Falle, lief weiter herum und warf prüfend einen Blick in mein Bücherregal.

»Man erkennt einen Menschen anhand der Bücher, die er besitzt.«

Das war mir durchaus bekannt. Darum hatte ich ja auch, wie Sie wissen, einige kleinere Anpassungen an meinem literarischen Bestand vorgenommen.

»Magst du Banana Yoshimoto?«, fragte sie mich.

»Die habe ich noch nie gelesen.«

»Hier steht eine Ausgabe von *Kitchen*.«

Oha! Es musste eines jener vergessenen Bücher sein, die unbeachtet vor sich hin staubten.

Claudia zog es heraus. »Wusstest du, dass das mein Lieblingsbuch ist?«

Natürlich nicht, sonst hätte ich es im Vorfeld in- und auswendig gelernt.

Sie wollte es gerade zurückstellen, als irgendwas ihre Aufmerksamkeit erregte. Sie schob ein paar Bücher beiseite, und vor ihr tauchte das ungeschickt versteckte Riesenglas Nutella auf. Neeeeiiiiin!

Claudia drehte sich zu mir um, als hätte sie den Antichrist höchstpersönlich vor sich. Schuldbewusst senkte ich den Blick. Ich hatte verloren. Echte Kerle können eine Niederlage eingestehen. Aber ich war kein echter Kerl, ich war nur ein ziemlich tollpatschiger, falscher Kandidat fürs Veganertum. Game over.

# Letzter Ausweg

Trotz des Nutella-Zwischenfalls verabredete sich Claudia ein paar Wochen später wider Erwarten ein drittes Mal mit mir – vielleicht gefiel ich ihr ja trotzdem. Obwohl ich zugeben muss, dass ich die Hilfe von ein paar Freunden und ein wenig Glück brauchte, um sie nicht zu verlieren.

Wir trafen uns bei einer Filmpremiere und saßen beim anschließenden Essen nebeneinander. Während des ganzen Abends bettelte ich inständig um eine weitere Chance, bis sie schließlich einwilligte, vermutlich aus Erschöpfung. Um einen weiteren Frontalangriff meinerseits zu vermeiden, sorgte meine pfiffige vegane Gegnerin für ein Heimspiel und lud mich in ihr blühendes biologisches Häuschen in Monteverde Vecchio ein.

Diesmal war ich mir sicher, dass ich gut vorbereitet war. Ich war alle nützlichen Informationen zum grünen Universum noch einmal durchgegangen und hatte sogar die unangefochtene vegane Bibel *China Study* gelesen, nach deren Lektüre einem jegliche Lust am Essen vergeht und man Selbstmordgedanken hegt. Wie dem auch sei, jedenfalls wusste ich fast mehr als Lisa Simpson und war bereit, mich komplexeren Prüfungen zu stellen als einem einfachen Abendessen. Um ökologischer dazustehen, fuhr ich sogar mit dem Bus nach Monteverde, was ich bei meiner Ankunft prompt unterstrich.

»Wusstest du, dass die öffentlichen Verkehrsmittel in Rom völlig unterschätzt werden? Ich habe gar nicht lange gebraucht, wir sind ja fast Nachbarn. Jeder sollte die Öffentlichen nutzen«, erklärte ich und log dabei wie Pinocchio.

Meine vorgegebene Bekehrung zum Umweltschützer erzielte jedoch nicht die erhoffte Wirkung. Claudia blieb verschlossen und widmete sich der Zubereitung des Abendessens mit Zutaten, die ich nicht kannte. Es ist wirklich seltsam, jemandem beim Kochen zuzusehen und nichts wiederzuerkennen, nicht einmal eine Zwiebel oder Basilikum. Auf dem leichenhallenähnlichen Marmor, der das Spülbecken einfasste, lagen nebeneinander aufgereiht nicht identifizierbare essbare Dinge. Ich zeigte auf eines, das wie eine Kartoffel aussah.

»Was ist das?«

»Eine Süßkartoffel.«

»Ah, eine Kartoffel. Sieht auch aus wie eine Kartoffel, nur eben rot.«

»Das ist keine Kartoffel, sondern eine Süßkartoffel.«

»Eine Süßkartoffel?« Ich dachte, Claudia hätte Probleme bei der Aussprache.

»Genau. Süß. Eine rote Süßkartoffel.«

»Ah, okay. Aber man kann doch sicher sagen, sie ist mit der Kartoffel verwandt?«

»Sie ist ein Knollengewächs, hat jedoch einen viel höheren Nährstoffgehalt als die klassische Kartoffel.«

»Die mir eigentlich auch gar nicht so gut schmeckt…«

»Die Süßkartoffel ist reich an Flavonoiden und Anthocyanen.«

Ich nickte, ohne dass ich auch nur ein Wort verstanden hätte.

»Weißt du überhaupt, was Flavonoide und Anthocyane sind?«, drängte sie mich wie der ehemalige Quizmaster Mike Bongiorno zu seinen besten Zeiten.

»Das wusste ich mal, aber es fällt mir gerade nicht ein…«, sagte ich lahm.

»Das sind antioxidative Pigmente.«

»Ach, genau.«

Ich vermied weitere Fragen und beschränkte mich auf allgemeine Bemerkungen zum Klima, zur

Musikpiraterie, die die gesamte Branche zerstört, und darüber wie wichtig Sport für die Gesundheit ist. Der Abend verlief ohne weitere Hindernisse, jedenfalls bis wir zu essen anfingen. Mehrere Schüsseln standen wie bei einem kleinen Buffet auf dem Tisch, ein wirklicher Unterschied zwischen dem ersten und dem zweiten Gang war nicht zu erkennen. Die Gerichte waren nicht voneinander zu unterscheiden. Farbiger Matsch, der aussah wie Babybrei in Gläschen, dazu ein paar Rosen und Geranienblüten, von denen ich gerade erst erfahren hatte, dass sie essbar sind.

Claudia servierte mir eine üppige Portion von beidem. Mein Teller sah aus wie die Palette eines Malers, der übertrieben viel Farbe aus den Tuben gepresst hatte. Ich atmete wie vor einem Sprung ins Schwimmbecken tief durch und probierte von der orangefarbenen Pampe. Meine Geschmacksnerven waren vor Überraschung gelähmt. Ich hatte einen völlig unbekannten Geschmack im Mund. Hätte ich ihn mit zwei Adjektiven beschreiben sollen, hätte ich »gipsartig« und »ekelhaft« gewählt.

Trotzdem lächelte ich breit und sagte: »Sehr gut. Mmh, lecker … wirklich.«

Claudia lächelte auch und schaufelte weiter Smaragdgrün, Marineblau und Umbra in sich hinein, wobei Letztere die für uns Menschen noch am ehesten genießbare Farbe ist. Kurz darauf entdeckte ich, dass es banales Kichererbsenmus mit Paprika und Tahini war. Um es nicht ausschließlich pur zu essen, wagte ich mich an das Toastbrot. Oder besser gesagt an das, was bei oberflächlicher Betrachtung wie Toastbrot aussah. In Wirklichkeit waren es Scheiben aus Buchweizenmehl, die jedoch keineswegs aus Weizen, sondern aus einer Blüte waren, aus der man ein dunkles Mehl mit ziemlich eigenwilligem Geschmack gewinnt, würde ich mal sagen. Buchweizen mag in den Pizzocheri des lombardischen Veltlin ja noch lecker sein, aber die werden auch mit Kartoffeln, grünen Bohnen und viel Käse gemacht. Und zählen deshalb nicht.

Wie dem auch sei, ich gab nicht auf. Ich aß den Teller leer und tunkte die Sauce sogar noch mit Buchweizenbrot auf. Und ich hatte den Mut, nach der Nachspeise zu fragen. Leider gab es eine: einen Pudding aus Haferflocken, Maca und Obst, der eine Konsistenz wie Klebstoff hatte und dazu neigte, den Löffel nicht mehr herzugeben. Auch der Geruch ähnelte dem beliebten Schnüffelkleber.

Mit dem triumphierenden Gesichtsausdruck eines Athleten, der nach zweiundvierzig Kilometern auf Kopfsteinpflaster bergauf sein Ziel erreicht hat, stand ich nach dem Essen auf. Ich hatte die wichtigste Prüfung bestanden. Ich fragte, ob ich das Bad benutzen dürfe, da ich meinen Mund von der klebrigen Masse befreien wollte, bevor sie koagulierte, und um mir nach der miserablen kulinarischen Leistung das Gesicht zu waschen. Damit war ich für den zweiten Teil des Abends bereit, dem ich voller Optimismus entgegenblickte.

Tatsächlich küssten wir uns keine fünfzehn Minuten später. Es war ein langer Kuss, genau wie ich ihn mir seit Wochen erträumt hatte. Wir wollten gerade zum Vorspiel übergehen, als Claudia mich mit einer Frage überraschte.

»Hast du deine letzte Blutuntersuchung dabei?«

»Wie bitte?«

»Deine aktuellen Blutwerte. Hast du sie zufällig da? Ich würde sie mir gerne mal ansehen.«

Jede Form der Erregung war mit einem Schlag vorbei, zunichtegemacht von dieser absonderlichen Konversation.

»Das heißt, du willst einen HIV-Test sehen? Ich habe erst vor ein paar Monaten einen machen lassen, der war negativ.«

»Auch. Außerdem Hepatitis A, B und C sowie Cytomegalovirus, Syphilis und Mononukleose.«

»Ah, also alles. Ich weiß nicht. Aber zur Sicherheit können wir natürlich…«

Ich zog eine feuerrote Schachtel mit Kondomen heraus, die ich gerade besorgt hatte.

»Ich habe extra hypoallergene Kondome gekauft«, betonte ich stolz.

»Ich muss wohl nicht erwähnen, dass sie keinen

ausreichenden Schutz gewähren«, widersprach sie entschieden.

»Musst du natürlich nicht. Also, was machen wir jetzt?«

»Wir machen gar nichts, solange ich deine Blutwerte nicht gesehen habe.«

»Na gut… dann gehe ich morgen zum Arzt.«

»Wenn du schon mal dabei bist, dann lass doch bitte auch gleich noch Leukozyten, Bilirubin, Cholesterin und alle anderen Werte kontrollieren. Das lohnt sich.«

»Ah ja…«

Damit endete der Abend. Ich fuhr mit dem Nachtbus zurück nach Hause und kaufte mir um die Ecke einen Döner. Er schmeckte wie der Nektar der Götter.

Am nächsten Morgen bei Sonnenaufgang stand ich in einem namhaften Labor im Zentrum von Rom und zog die Eins als Wartenummer. Ich bat um das unverschämt teure Eilverfahren, damit ich die Ergebnisse innerhalb von zwei Stunden bekam. Am Nachmittag eilte ich triumphierend zu Claudia nach Hause und rieb ihr alle Negativergebnisse unter die Nase. Meine Lieblingsveganerin sah sich die Werte mit professionellem Gehabe an und blieb bei dem Begriff »Cholesterinämie« hängen.

»Dein Cholesterinwert ist leicht erhöht.«

»Das heißt?«

»Das heißt, dass ich dir ab morgen eine bestimmte Diät verabreichen werde.«

Das Angebot nahm ich schwungvoll an. In dem Moment hätte ich alles akzeptiert, sogar eine Fastenkur, nur um sie noch einmal küssen zu dürfen.

Ich durfte sie tatsächlich küssen. Wir taten auch alles andere, was ich hier aus Gründen der Privatsphäre nicht erzählen werde. Ich hatte es geschafft, ich war auf dem Planeten Vega gelandet. Ich dachte, das wäre nur der Anfang, und tatsächlich war er das auch: der Anfang vom Ende.

# Vegan friendly

Was haben Lew Tolstoi und Pamela Anderson gemeinsam?

Und Mike Tyson und Albert Einstein?

Prince und Margherita Hack?

Terence Hill und Gandhi?

Sokrates und Red Canzian von der Band Pooh?

Sie alle leben oder lebten zumindest eine Zeit lang vegan.

Gleiches gilt für Leonardo da Vinci, Paul McCartney, Tobey Maguire, Pythagoras (der mit dem berüchtigten Satz), Carl Lewis, Voltaire, Martina Navratilova, Bryan Adams, Alanis Morissette, Sinéad O'Connor, Robin Gibb von den Bee Gees, George Bernard Shaw, Ben Stiller, Fiona Apple, Natalie Portman, Epikur, Linda Blair (war ja klar), Wagner, Bill Clinton, Platon, Moby, besagter Brad Pitt, Hippokrates sowie Venus und Serena Williams. Nicht zu vergessen die Fahnenträgerin aller Veganer dieser Welt: Lisa Simpson. Eine fröhliche Schar von Talenten und Superstars, darunter in erdrückender Überzahl Musiker und Sänger. Offenbar animieren die sieben Töne der Tonleiter zu gesunder Ernährung. Denn der Gruppe müssen wir tatsächlich die veganen italienischen Sänger Battiato, Morandi und Celentano hinzufügen. Alles Persönlichkeiten mit mannigfaltigen Begabungen, langlebig und in physischer Topform. Ist das Zufall?

Wenn es nach Claudia geht, natürlich nicht. Kein Tag vergeht, an dem sie nicht gebetsmühlenartig wiederholt: »Wenn ich mal alt bin, will ich keinen übergewichtigen, verblödeten Rentner mit einem Rollator an meiner Seite haben, sondern jemanden wie Terence Hill, der Fahrrad fährt, reitet und geistig so jung und aktiv ist, dass ihm in Gubbio oder Spoleto kein Mörder entwischt.«

Ich hingegen sehe mich eher wie Bud Spencer seelenruhig altern und endlich zur Ruhe kommen, in einem Sessel sitzen und Bücher lesen, die ich mir in freudiger Erwartung auf meinen Lebensabend gekauft habe.

Damals tauchten jedenfalls plötzlich Yogalektionen, Laufbänder und Frühstück mit Apfel und Nüssen vor meinem inneren Auge auf wie Gespenster. Ich konnte Claudias gesundheitsapostolische Warnungen noch nicht einmal von der Hand weisen. Sie hatte verdammt recht. Genau wie bei dem großartigen Onkologen Umberto Veronesi lautet ihre Theorie, dass eine korrekte Ernährung sowie ein gesundes, sportlich aktives Leben nicht nur das Leben verlängern, sondern auch das Älterwerden erleichtern. Das Problem ist nur, dass wir uns mit diesen Behauptungen auf das Terrain der Alltagsphilosophie wagen. Ich wurde sozusagen gezwungen, eine Antwort auf die atavistische Frage »Ist ein halbes Ei besser als gar keins?« zu finden. Oder in der moderneren Variante: »Lieber heute Nudeln Amatriciana oder morgen gesund alt werden?« Darauf eine Antwort zu finden ist nicht leicht, besonders dann nicht, wenn man in einer Stadt wie Rom lebt, in der einen die Restaurants mit ihren Düften und gebratenem Gemüse verlocken wie die Sirenen einst Odysseus.

Tatsache ist, dass ich beschloss, Claudia zu glauben. Es war sozusagen ein Akt des Glaubens. Falls ich eines Tages dennoch einen Tumor, Gicht, eine Lungenentzündung, Arteriosklerose oder Parkinson bekommen sollte, werde ich also nicht wegen der Krankheit heulen, die mich in ihren Klauen hält, sondern wegen der verpassten Grillfeste.

Andrerseits wird es wohl einen Grund dafür geben, wenn so viele berühmte Persönlichkeiten zu dieser Ernährungsform geraten haben und noch immer raten.

Leonardo da Vinci, das vielleicht größte Genie aller Zeiten, schrieb dazu Folgendes:

*Wenn du wirklich so bist, wie du dich beschreibst, der König der Tiere – ich würde eher sagen, König der Bestien, denn du selbst bist die größte! –, warum nimmst du dir dann ihre Kinder, um deinen Gaumen zu befriedigen, dem zuliebe du dich in ein Grab für alle Tiere verwandelt hast? Bringt die Natur nicht einfache Speisen im Überfluss hervor, welche dich sättigen können? Und wenn dich die einfachen Speisen nicht befriedigen, könntest du dann nicht unendlich viele Gerichte zubereiten, indem du die Lebensmittel miteinander mischst?*

Und weiter:

*Die Zeit wird kommen, da der Mensch nicht mehr töten muss, um zu essen, und selbst das Töten eines einzigen Tieres als schweres Vergehen angesehen werden wird.*

Der geniale Leonardo nahm sich der Sache von einem moralischen, nicht von einem medizinischen Standpunkt aus an, doch seine Botschaft war klar und deutlich. Wussten Sie, dass er ein ausgeprägter

Tierliebhaber war und Vögel im Käfig kaufte, um sie anschließend freizulassen, wie Giorgio Vasari in seinen *Le Vite* schrieb? Er verfasste sogar diesen Kommentar, in dem er das Thema Gastronomie mit Philosophie und Politik verbindet:

*Alles, was mein Sire Ludovico auf den Tisch bringt, beunruhigt mich. Jede Speise erscheint mir ein heilloses Durcheinander. Alles ist viel zu üppig. So haben Barbaren gegessen. Wie soll ich ihn aber davon überzeugen, wenn er meine Gerichte aus edlem Broccoli verachtet und keinen Platz für meine Pflaumen mit schönen Karotten findet? Denn in einem einzelnen Broccolo findet sich mehr Schönheit und in einem einzelnen Karöttchen mehr Würde als in seinen zwölf goldenen, gestapelten Töpfen voller Fleisch und Knochen; es ist mehr Härte in einer trockenen Pflaume, mehr Substanz in zwei grünen Bohnen. Was muss ich tun, um ihn davon zu überzeugen? Die Einfachheit ist es, die mein Sire wiederentdecken muss. Und nicht nur er, sondern das ganze Land.*

Moment mal. Lassen Sie mich eines klarstellen: Trotz meiner Leidenschaft für Leonardo da Vinci und meiner Liebe zu Claudia bin ich kein eingefleischter Veganer geworden. Jedenfalls noch nicht. Die Brathähnchen in den Rosticceria und warmer Büffelmozzarella lassen mein Herz zwar immer noch höher schlagen, aber ich habe meine Ernährung drastisch umgestellt. Von vierzehn Mahlzeiten pro Woche sind ungefähr zwölf vegan, bei den anderen beiden gewähre ich mir kurze Ausflüge in Geflügel- oder Fischgefilde. Fleisch von Säugetieren habe ich vom Speiseplan gestrichen, wie auch sämtliche Wurstwaren. Zur Toxizität von rotem Fleisch hat sich sogar die Weltgesundheitsorganisation geäußert. Es zu verzehren verstößt gegen jeglichen Selbsterhaltungstrieb.

Dabei muss ich zugeben, dass ich, zumindest am Anfang, meine Entscheidung vorwiegend aus gesundheitlichen und nicht aus ethischen Gründen gefällt habe. Ebenso gebe ich zu, dass ich mich manchmal nach Spanferkel, Landjägern, paniertem Schnitzel und Braten sehne, aber meine Erinnerungen daran sind zum Glück sehr lebendig. Ich verspürte zwar Sehnsucht, aber kein Bedauern, nichts währt schließlich ewig. Man kann hervorragend ohne rotes Fleisch leben. Sagen wir also, dass ich ein halber Vegetarier bin, der sich ein akzeptables Niveau an Geselligkeit erhalten hat. Jedenfalls gehöre ich nicht zu denjenigen, die einen Gastgeber beim Anblick eines Risottos mit Scampi des Mordes beschuldigen.

Nur leider bin ich mit einer Frau verheiratet, die genau das tut. Und wie sie es tut. Unsere Freunde kennen Claudia gut. Sie opfern sich auf und bereiten einfache vegane Gerichte zu, wenn sie uns einladen. Es wird erst zum Problem, wenn wir zu einer Veranstaltung oder zu einem Abendessen mit Leuten gehen, die uns nicht gut kennen. Da gibt Claudia dann ihr Bestes, und es gelingt ihr meist, dass der Küchenchef sich geniert, weil er sich vielleicht unvorsichtigerweise auf ein klassisches norditalienisches Gericht wie Vitello Tonnato gestürzt und dafür gleich zwei Tierarten getötet hat, ganz zu schweigen von den Eiern in der Sauce. Es ist das am wenigsten vegane Gericht aller Zeiten, ein echtes kulinarisches Verbrechen, für das lebenslange Haft gerade so ausreichend wäre.

Sie müssen nämlich wissen, dass ich niemanden zwinge, sich Auberginen alla Parmigiana einzuverleiben, Claudia hingegen jedem verbietet, Speisen zu verzehren, die tierische Produkte enthalten. Leider beschränkt sie sich nicht darauf, ihren Unmut darüber zu äußern, sondern führt sich auf wie eine leibhaftige vegane Terroristin. Wenn sie auf der Straße einem Freund begegnet, der gerade in einen Wrap mit Schinken und Käse beißt, reißt sie ihm das Ding aus der Hand, wirft es in den Müll und ist auch noch davon überzeugt, ihm das Leben gerettet zu haben.

Eines habe ich im Laufe der Jahre bei Veganern verstanden: Ihre Mission ist gerechtfertigt, vertretbar und sowohl gesellschaftlich als auch wirtschaftlich gewinnbringend. Es hakt lediglich an der Art und Weise, wie sie dafür einstehen. Man kann die Ernährung eines Menschen nicht gewaltsam umkrempeln. Aber wenn man gebetsmühlenartig die Vorzüge einer veganen Ernährung wiederholt, kommt der Umsturz irgendwann von ganz alleine. Niemand hat ein Interesse daran, die eigene Lebensqualität zu verschlechtern, zudem darf man nicht vergessen, dass besonders in Italien Wirtschaft und Alltag um die Ernährung kreisen. Es handelt sich um eine tief im Volk verwurzelte Leidenschaft, womöglich die einzige, die sich mit der Leidenschaft für Fußball messen kann. Wenn man einem Italiener sagt, er solle Schinken, Milch oder Parmesan weglassen, wird er sich dem Thema völlig verschließen. Erklärt man ihm hingegen, weshalb er den Verzehr einschränken soll, wird er vielleicht darauf eingehen. Am Ende ist alles eine Frage der Menge. Ein Tiramisu pro Monat hat noch niemanden umgebracht.

Wie dem auch sei, in jener Phase meines Lebens waren mein Problem bestimmt nicht die Essensgewohnheiten der Italiener, sondern der Scheideweg, vor dem ich stand, mein ganz persönlicher *Sie-liebt-ihn-sie-liebt-ihn-nicht*-Film. Auf der einen Seite standen meine alten kulinarischen Weggefährten, auf der anderen die neuen mit ihren exotischen Namen, die so gar nichts Beruhigendes an sich hatten: Tofu, Seitan und Tempeh. Sie wirkten wie Bösewichte eines japanischen Zeichentrickfilms, waren aber ungleich aggressiver. Einmal in den Kühlschrank gesperrt, konnten sie jahrelang darin ausharren und von allen Pfannen Besitz ergreifen.

Wenn ich weiter regelmäßig Kontakt zu Claudia haben wollte, musste ich mich auf die Regeln ihres Universums einlassen. Oder ihr wenigstens einen akzeptablen Handel vorschlagen.

# Das neue Leben

Es gab kein Zurück mehr, als ich Claudia nach nicht einmal einem Monat reger gegenseitiger Besuche fragte, ob sie nicht aus ihrem Häuschen in Monteverde zu mir ziehen wolle. Das mag Ihnen voreilig, wenn nicht gar gefährlich vorkommen. Claudias begeistertes Ja war jedoch das Signal, dass wir die irdische Umlaufbahn verlassen hatten und gottverlassen wie bei *Mondbasis Alpha 1* im Weltraum umherstreiften. Bald wurde mir klar, dass der Kurs nicht zufällig gewählt war. Wir steuerten direkt auf den Planeten Vega zu. Und diesmal gab es keinen Goldorak, der mich verteidigen konnte.

Diese waghalsige Entscheidung sollte mein Leben für immer verändern. Und meine Wohnung.

Der Wirbelsturm Claudia drang mit einer Wucht in meine Schränke, Abstellkammern und Geschirrschränke ein, die ihresgleichen sucht. Hier die Liste der Schändlichkeiten in meiner Wohnung, die ich ursprünglich für umweltfreundlich gehalten hatte:

## WOLLPULLOVER

»Wusstest du, wie sehr die Schafe leiden und wie viele Tiere nötig sind, um einen von diesen schrecklichen Pullovern herzustellen? Ab heute gibt es nur noch Kleidung aus Baumwolle und Leinen.«

## LEDERSCHUHE

»Wusstest du, dass Leder nicht nur von Rindern, sondern auch von Schafen, Ziegen, Schweinen, Pferden, Fischen und manchmal sogar von Kängurus, Hirschen und Straußenvögeln gewonnen wird?«

## PARKETTBODEN

»Wusstest du, dass es einen atoxischen und unbehandelten Parkettboden gibt, der keine für unseren Organismus schädlichen Stoffe ausdünstet?«

## HANDTÜCHER

»Wusstest du, dass es ein Fehler ist, sich nach dem Duschen abzutrocknen? Die Zellen müssen atmen, das Wasser sollte von alleine verdunsten.«

## BADEZUSÄTZE UND SHAMPOO

»Wusstest du, dass herkömmliche Badezusätze und Shampoos nutzlos und oft sogar schädlich sind? Die

Talgschicht schützt die Haut. Du kannst stattdessen grüne Tonerde verwenden.«

## WEISSE SCHOKOLADE
»Wusstest du, dass weiße Schokolade eine Kalorienbombe aus Kakaobutter, Zucker und festen Milchbestandteilen ist?«

## KAMIN
»Wusstest du, dass die Lunge vergiftet wird, wenn man in geschlossenen Räumen Feuer macht?«

## SPÜLMITTEL
»Wusstest du, dass man das mit ätherischen Ölen und Zitrone selbst herstellen kann?«

## W-LAN
»Wusstest du, dass W-LAN nachweislich Gehirnschäden verursacht? Lass es uns lieber ausschalten, wenn du es nicht benutzt.«
»Okay, aber wir wohnen in einem Haus mit zehn anderen Parteien, die auch alle W-LAN haben.«
»Gut, dann werde ich mit den Nachbarn reden.«

## MIKROWELLE
»Wusstest du, dass die krebserregend ist? Wir können sie gerne als Aufbewahrungsbehälter verwenden, vielleicht auch als Mini-Bücherregal.«

## TÖPFE

»Wusstest du, es gibt ganz tolle…«

»Lass mich raten: atoxische, sauteure Töpfe, die nicht gesundheitsschädlich sind?«

## FEDERKISSEN UND DAUNENBETTEN

»Wusstest du, dass Gänse…?«

»Ja, ich weiß. Tut mir leid, ich werfe sie weg. Vergib mir. Ich entschuldige mich auch bei allen Gänsen dieser Welt.«

Sie sehen, es war kein Zuckerschlecken. Ich musste meine Gewohnheiten ändern, und das nicht nur ernährungstechnisch. Dabei kam sogar heraus, dass ich den Müll völlig falsch trennte. Glasflaschen müssen gewaschen und vom Etikett befreit werden, bei Papier wird sorgfältig zwischen Zeitungen und Zeitschriften unterschieden, denn Letzteres enthält mehr Farbe. Leere Batterien gehören in die dafür vorgesehenen Behälter, genau wie abgelaufene Medikamente und Glühbirnen.

Das war vielleicht eine Fummelei, die das Spülen nach dem Abendessen äußerst kompliziert gestaltete, uns dafür aber die Goldmedaille für umweltfreundliches Wohnen bescherte. Ich lebte praktisch mit St. Streicher, Generalfeldmeister des Fähnleins Fieselschweif zusammen, mit einer Frau also, die Umwelt und Natur so sehr respektierte, dass sie nicht einmal in der Lage war, eine blutrünstige, lästige Mücke zu erschlagen. Also Lebe wohl, Autan, Lebe wohl, spiralförmige Räucherstäbchen, Lebe wohl, Ameisenpulver, Lebe wohl, Grillabende auf der Terrasse, Lebe wohl, Spanferkel aus Ariccia, Lebe wohl, ganze Pizza und Lebe wohl, Aspirin. Claudias Ankunft verlieh den Kürzeln v. C. und n. C. eine völlig neue Bedeutung, für mich bedeuteten sie natürlich »vor Claudia« und »nach Claudia«. Die Revolution meines Alltags war viel radikaler als jene, die Christus der Weltgeschichte gebracht hatte.

Paradox daran ist, dass Claudia aus Florenz stammt, sozusagen der Wiege des blutigen Steaks. Vor allem ihre Mutter macht ein überwältigend gutes Ragout und eine umwerfende Rosticciana, die sie mir jedoch nur anbietet, wenn ihre Tochter nicht in Sichtweite oder am besten gar nicht dabei ist. Das ist – oder vielmehr war – unser kleines, leckeres Geheimnis.

Die ersten Tage waren dramatisch. Claudia hatte so viele Kleider, Schuhe und Taschen, dass einem angst und bange werden konnte. Selbstverständlich alles aus umweltfreundlichen Materialien. Besonders alarmierend waren die vielen Elektrogeräte, die in meine Küche Einzug hielten. Ich besaß nur einen Mixer, mit dem ich exquisite Milchshakes machte, sowie einen Toaster, der mir an unzähligen Nachmittagen vor dem Fernseher Gesellschaft geleistet hatte. Zu den beiden gesellten sich ein Flocker (zur Herstellung von Cornflakes), ein Dörrautomat (zum Trocknen von Obst und Gemüse), eine Mühle (um Vollkornmehl zu mahlen), eine Saftpresse (für schmackhafte Säfte), ein Entsafter (nicht mit der Saftpresse zu verwechseln), ein Spiralschneider (für Gemüse in Spaghettiform), eine Joghurtmaschine (nur mit Soja- oder Reismilch zu verwenden), ein elektrischer Keimautomat (eine Art Brutkasten für Samen), ein Dampfgarer (damit beim Gemüsegaren die Nährstoffe erhalten bleiben) und eine Küchenmaschine (Mädchen für alles). Fügen Sie den Geräten eine undefinierbare Zahl von Samen und exotischen Gewürzen hinzu, die meinen Küchenschrank bevölkerten, und ein paar Blumentöpfe mit geheimnisvollen Gewächsen, die seitdem auf meiner Terrasse stehen, und die Invasion ist perfekt.

Nach Claudias Einzug war ich überzeugt, dass es ein Fehler gewesen war, die regelmäßigen Besuche gleich in eine Lebensgemeinschaft zu verwandeln. Aber da hatte ich ja noch keine Ahnung. Eines Morgens wachte ich später als sonst auf. Claudia war nicht im Bett und auch nicht in der Küche. Ich entdeckte sie ausgerechnet auf der Terrasse. Sie kniete auf dem Boden über einem Blumentopf und graste fröhlich. Ja, Sie haben richtig gelesen. Sie graste.

»Guten Morgen, Liebling«, sagte ich.

»Guten Morgen. Willst du?«, fragte sie und zeigte auf das Kraut.

»Was ist das?«

»Weizengras, das bekämpft freie Radikale und stärkt das Immunsystem.«

»Und warum isst du das ... so?«

»Weil es zu schnell oxydiert, wenn ich es schneide, und dabei einige Eigenschaften verliert. Man muss es direkt von der Pflanze abbeißen.«

Der Anblick meiner Freundin, die grasend auf meiner Terrasse herumkrabbelte, macht deutlich, wie verschieden wir sind. Ich hätte niemals gedacht, dass ein Mensch grasen könnte.

Am nächsten Morgen ließ ich mich überreden und probierte es auch. Kräftig riss ich mit den Zähnen am Gras, wie ich es unzählige Male bei Kühen beobachtet hatte, und stellte fest, dass es gar nicht so leicht war, die Halme auszurupfen. Es schmeckte natürlich nicht nach Kopf- oder Feldsalat, sondern eher ... nach geschnittenem Gras, würde ich mal sagen. Das heißt, es schmeckte genau so, wie es aussah. Mit einem Wort, es war ungenießbar. Das war das erste und letzte Mal, dass ich gegrast habe. Aber es war nicht das letzte Mal, dass ich wegen Claudia oder dank ihr etwas tat, das nur wenig mit der menschlichen Gattung zu tun hat.

# Der unerwünschte Dritte

Bisher habe ich Ihnen verschwiegen, dass Claudia damals nicht alleine lebte. Sie teilte sich die Wohnung mit einer blonden, ziemlich haarigen, etwa fünfunddreißig Kilo schweren Mitbewohnerin. Sie hieß Lana, doch Claudia nannte sie zärtlich »Lana, die Hündin«. Lana ist eine sympathische, sechsjährige Labradorhündin, jovial, liebenswürdig und verfressen. Ach ja, noch ein Detail: Lana ist fast Vegetarierin. Die einzige Ausnahme, die ihr gestattet wird, ist ein paar Mal die Woche ein wenig Wildlachs von höchster Qualität.

Als ich Claudia die ersten Male besuchte, lernte ich Lana nicht kennen, weil sie bei meinen zukünftigen Schwiegereltern in Florenz war. Doch Claudia verheimlichte mir nicht nur die Existenz der Hündin, sondern vor allem ihre Gewohnheiten. Lana schlief wie eine Tochter bei ihr im Bett, mehr noch, jetzt schläft sie bei uns im Bett. Um genau zu sein, schlafe ich bei den beiden. Ich bin praktisch der unerwünschte Dritte.

Manchmal kochen wir abends nichts, weil wir uns mit etwas Fertigem begnügen, für Lana hingegen wird immer alles frisch zubereitet, sei es ein extra feiner Risotto mit Zucchini oder ein Couscous mit Gemüse, der einem Fünf-Sterne-Luxusressort in Casablanca alle Ehre gemacht hätte. Lana ernährt sich bestimmt besser als ich, denn sie bekommt ausschließlich mit Liebe zubereitete Biolebensmittel. Ich habe mich schon öfter dabei ertappt, wie ich sie beobachtet und sie darum beneidet habe, wenn sie ihr Fressen herunterschlingt. Früher oder später werde ich ihr den Napf streitig machen, da bin ich mir sicher. Manchmal, wenn Claudia nicht da ist, gebe ich der Hündin heimlich Würstchen. Ich glaube, dass sie mich vor allem wegen dieser kleinen Vergehen vergöttert.

Übrigens ist Lana kein normaler Hund. Sie sitzt oft auf dem Sofa und schaut sich scheinbar konzentriert Filme im Fernsehen an, außerdem hat sie ein eigenes Bad (ein Bereich auf der Terrasse, wo wir Gras angepflanzt haben), ihre Freundinnen (kein Tag vergeht, an dem sie nicht im Park Gassi geht, um sich mit ihnen zu treffen) und einen Chauffeur (ich). Falls ich jemals wiedergeboren werde, möchte ich als Lana, die Hündin auf die Welt kommen.

Ohne Probleme, ohne Steuerberater, ohne Fristen, einfach nur hundertprozentig ehrlich.

Wenn ich nach Hause komme, bellt sie vor Freude und springt an mir hoch. Es gibt nichts Befriedigenderes als jemanden, der freudig auf einen wartet. In meinem Leben v. C. habe ich nie mit einem Hund zusammengelebt, ich war ein wehrloser Katzenfreund. Inzwischen könnte ich auf ein bellendes Lebewesen nicht mehr verzichten, trotz des Einsatzes, den man für einen Hund im Vergleich zu einem Stubentiger erbringen muss. Das ist übrigens eine der wenigen Veränderungen, die ich in all den gesundheitsapostolischen, fast veganen Jahren nie bedauert habe, nicht einmal einen kleinen Moment. Claudia, Lana und ich. Meine kleine Familie.

# Fausto darf nicht sterben

Einer von vielen Filmen, die ich über alles mag, wenn nicht der beste überhaupt (nach dem unerreichten *Shining* natürlich) ist *Misery*, nach dem Roman *Sie* von Stephen King. Erinnern Sie sich noch daran? Eine verrückte Krankenschwester hält ihren Lieblingsschriftsteller gefangen, um zu verhindern, dass Misery, die Hauptfigur seiner gleichnamigen Romane, stirbt. Ist ein Film gut gemacht, identifiziert man sich mit der Hauptfigur und durchlebt dieselben Gefühle. Wenn man sehr viel Glück hat, durchlebt man dieselben Abenteuer vielleicht sogar in der realen Welt. Das Problem ist nur, dass ebenjener Film ein ziemlich brutaler Thriller ist.

Vorab in aller Kürze: Ich bin so gut wie nie krank und kenne weder den Namen noch das Gesicht meines Arztes. Demensprechend komme ich nicht einmal mit einer unbedeutend erhöhten Körpertemperatur von 37,2 Grad zurecht. Es ist allgemein bekannt, dass Männer nicht gut mit Schmerzen umgehen können, doch wenn sie Kranksein gar nicht gewöhnt sind, werden sie zu lästigen wandelnden Quengelmonstern. Deshalb war ich mir auch sicher, dass ich kurz davor stand, meinen eigenen Nachruf verfassen zu müssen, als das Quecksilber auf meinem sadistischen Thermometer 38,4 Grad anzeigte.

Vor meinen Augen materialisierte sich bereits die erste Seite des *Messaggero* mit einer Kurznachricht unten rechts: »Regisseur von *Notte prima degli esami* gestorben.« Nicht einmal der Name war erwähnt. Las man den Artikel genauer, erfuhr man, dass ihn eine schreckliche Infektionskrankheit dahingerafft hatte, eine äußerst aggressive Erkältung mit dem medizinischen Namen »Bronchitis«. Ein bescheuerter Tod, der nicht einmal der kleinsten Erwähnung in einer Nachrichtensendung würdig gewesen wäre. Ich stellte mir bereits die Journalisten beim Meeting in der Redaktion vor:

»Leute, Fausto Brizzi ist an einer Bronchitis gestorben. Was machen wir? Ist das eine Schlagzeile wert?«

»Nee, das wäre zu viel. Wir erinnern morgen kurz im Frühstücksfernsehen an ihn. Dazu könnten wir die in Tränen aufgelösten Schauspieler aus *Notte prima degli esami* einladen und Antonello Venditti ans Klavier setzen.«

»Perfekt! Hast du die Nummer von Antonello?«

RAI 1 hätte den Film noch einmal gezeigt und aufgrund der Welle der überbordenden Gefühle über mein Ableben sogar die Einschaltquoten der aktuellen Reality-Shows getoppt.

Kurzum, ich kreiste zwischen Sofa und Bett, litt unter Wahnvorstellungen, Kopfschmerzen und Husten und verabschiedete mich bereits voller Zuneigung und Dankbarkeit von jedem einzelnen meiner Bücher, als Claudia vom Filmset zurückkehrte und in der Tür stand. Im Nu erfasste sie die Lage, wie das sonst nur die großen Folterknechte der Geschichte vermögen.

»Hast du Fieber?«

»Ja, aber kein hohes.«

»Ich kümmere mich darum«, sagte sie. Ihre Stimme klang zugleich wie die eines Samariters und eines Diktators.

Ich hätte in Hausschuhen in die Nacht hinaus fliehen und Unterschlupf bei meiner Mutter suchen sollen, die mich wie alle Mütter dieser Welt aufgenommen und mit einer Paracetamol und heißer Brühe aufgepäppelt hätte. Aber das tat ich nicht – ein vernichtender Fehler.

Claudia schickte mich sofort ins Bett, weil Ruhe dem Verlauf der Krankheit zuträglich ist. Aber auch weil sie so wusste, wo sie mich finden konnte.

»Haben wir Paracetamol im Haus?«, fragte ich zwischen zwei Hustenanfällen.

»Du hattest eine ganze Schublade voll, die habe ich neulich beim Aufräumen weggeworfen.«

»Aber bei Fieber hilft das doch angeblich.«

»Falsch! Es ist ein allseits verbreiteter Irrglaube, das Fieber zu senken hätte irgendwelche Vorteile. Ich könnte ja noch verstehen, wenn du über vierzig Grad hättest und Gehirnschäden riskieren würdest, aber in deinem Fall halte ich es für besser, wenn du es ausschwitzt. Offensichtlich kämpfst du gegen irgendwelche Bakterien. Allerdings...«

Ich klammerte mich an dieses »allerdings« wie Leonardo DiCaprio und Kate Winslet in *Titanic* an die schwimmende Holzplanke.

»Allerdings?«

»Allerdings glaube ich, dass ein Antibiotikum zu einer schnelleren Genesung beitragen könnte.«

Ein Antibiotikum. Besser als nichts.

»Haben wir denn eines zu Hause?«, fragte ich.

»Natürlich nicht.«

Das war ja klar.

»Mach dir keine Sorgen. Ich stelle selbst eines her. Es hat dieselbe Wirkung, wenn nicht sogar eine bessere als die Chemikalien aus der Apotheke.

Ich dachte, ich hörte nicht richtig.

»Was soll das heißen, du stellst es selbst her?«

»Das heißt, dass ich dir in zehn Minuten das stärkste natürliche Antibiotikum zu trinken geben werde, das es gibt.«

Ich rechnete mit einer Mixtur aus Fledermausflügeln, Brennnesseln und Jungfernblut. Doch auch diesmal irrte ich, mal davon abgesehen, dass sie nicht gerade vegan gewesen wäre. Was Claudia zubereitete, war noch ungenießbarer als jedes Hexengebräu. Es gab nur zwei Zutaten: den berüchtigten Knoblauch und Zitrone, die beiden mächtigsten Bakterienkiller des Planeten.

Dazu kocht man Knoblauch und Zitrone kurz auf (aufkochen, nicht kochen, damit das klar ist) und lässt den Sud sieben Minuten lang ziehen. So erhält man eine spülwasserähnliche Brühe, die jede Bakterie tötet, die sich in den Körper geschlichen hat. Schade nur, dass sie auch jedes menschliche Wesen im Umkreis von zehn Metern umbringt. Sozusagen eine selbst gebastelte Atombombe.

Claudia trat mit der wunderbaren Medizin an mein Bett und forderte mich auf, davon zu trinken. Ich spreche hier nicht etwa von einem Teelöffel oder einem Glas. Nein, ich rede von einer ganzen übel riechenden Schale.

Um mich zu ermutigen, sagte sie: »Davon trinkst du alle drei Stunden einen Schluck. Du wirst sehen, morgen fühlst du dich wie neugeboren.«

Oje, wenn das Glück mir hold ist, bin ich dann hoffentlich tot, dachte ich. Ich wollte lieber im Schlaf sterben, als diese Folter über mich ergehen zu lassen. Ich verrate Ihnen an dieser Stelle schon mal, dass es mir im weiteren Verlauf unserer Beziehung stets hervorragend ging, wenn ich eine Erkältung hatte, und ich sogar mit neununddreißig Fieber vor die Tür ging, um mich dem Unwetter zu stellen. Das alles, nur um mir ja keine Schwäche anmerken zu lassen und ihren Krankenschwesterninstinkt nicht zu wecken. Doch damals war das Kind nun mal in den Brunnen gefallen. Claudia hatte mich im Sack.

Ich hielt mir die Nase zu und kippte das schreckliche Gebräu herunter. Knoblauch in Verbindung mit Zitrone erzeugt einen ziemlich penetranten Geruch, der ohne jeden Zweifel Tote zum Leben erweckt. Ich bin fest davon überzeugt, dass Jesus mit einer ähnlichen Mixtur Lazarus ins Leben zurückgeholt hat. Das war kein Wunder. Nur Knoblauch und Zitrone, die in Galiläa übrigens von hervorragender Qualität gewesen sein sollen.

Das Gebräu schnitt mir für zehn Minuten förmlich die Luft ab. Geschwächt blieb ich auf dem Kissen liegen und starrte wie ein zum Tode Verurteilter an die Decke. Mein Atem roch wie eine natürliche Räucherspirale. Ich konnte es kaum erwarten, dass eine Mücke in meine Nähe kam, um die empirische Bestätigung dafür zu bekommen. In den folgenden Stunden döste ich vor mich hin, bis Claudia mich mit einer neuen Dosis Heiltrank weckte. Inzwischen hatte ich jede Kampflust verloren und mich als ihr

Gefangener ergeben. Ich hätte sogar gestanden, dass ich den Anschlag auf die Twin Towers in New York geplant hatte, nur um diesem Martyrium zu entgehen.

Die Lage verschlimmerte sich wider Erwarten, als die erste Wirkung des hausgemachten Antibiotikums einsetzte. Nicht nur dass ich auf einmal übermäßig schwitzte, ich hatte auch einen widerlichen Geschmack von Tandoori-Hühnchen und gekochtem Kohl im Mund. Offenbar hatte ich mich in eine vernichtende biologische Waffe verwandelt.

Claudia hütete sich selbstverständlich davor, neben mir zu schlafen, tauchte aber um zwei Uhr nachts wie ein Todesengel neben mir auf und verabreichte mir den herrlichen Nektar. Wie ein Hampelmann, der Husten hat, ließ ich alles über mich ergehen. Ich muss nicht erwähnen, dass es eine Nacht mit unbeschreiblichen Alpträumen war. Ich träumte von allen Dingen, die mir lieb und teuer waren und sich in Monster verwandelten, angefangen bei den Frikadellen meiner Oma bis hin zu Claudia höchstpersönlich. In der REM-Phase nahm sie die Züge der bösen Stiefmutter in Schneewittchen an, nur dass sie sich mir mit Knoblauchkränzen statt mit einem vergifteten Apfel näherte.

Am folgenden Morgen wunderte ich mich, dass ich weder in meinem Schweiß ertrunken noch an meinen Ausdünstungen erstickt war. Ehrlicherweise muss ich einräumen, dass das Fieber so gut wie verschwunden war und ich am kommenden Nachmittag bereits wieder recht gut drauf war. Das Gebräu hatte tatsächlich gewirkt. Ich musste Claudia gestehen, dass sie einen wirksamen Beitrag geleistet und zu meiner Genesung beigetragen hatte. Nur schade, dass meine Haut aufgrund unseres Verzichts auf Badezusätze und Parfüms weiterhin einen leichten Knoblauchgeruch verströmte, der nicht unbemerkt blieb. Ich war gezwungen, mich weitere drei Tage krankzumelden, und machte damit die Wirkung der Kur zunichte.

Seit jenem Tag interessiere ich mich allerdings für Naturheilkunde und entdeckte, dass viele Pflanzen, Früchte und Blumen wirklich eine heilsame Wirkung haben. Nur eine Frage plagte mich: Warum hatte Gott als stärkstes antibakterielles Mittel Knoblauch und nicht Erdbeeren oder Wassermelone gewählt?

Lieber Gott, entschuldige bitte, aber das war ein Fehler und ganz klar unter deiner kreativen Würde. Zur Strafe hättest du dir beinahe auch für ein paar Tage satte 38,2 Grad Fieber verdient. Und als Krankenschwester Claudia.

# Notaufnahme

Auf die Größe kommt es an, wie jeder weiß. Und zwar nicht nur bei dem, woran Sie jetzt denken.

Ein Leopard würde niemals ein Krokodil angreifen. Doch stellen wir uns vor, bei der Raubkatze handelt es sich um einen Kater und bei dem Reptil um eine Eidechse, dann passiert etwas, das seit Jahrtausenden etabliert ist: Die Jagd ist eröffnet. Die erbarmungslosen Miezekatzen laufen liebend gerne hinter wehrlosen Eidechsen her, quälen sie wie mittelalterliche Inquisitoren und knabbern sie manchmal sogar an. Das ist eine Frage des Instinkts, vor allem aber der Größe.

Jeder von uns hat schon einmal im Garten der Großeltern oder im Hof des Ferienhauses am Meer die verzweifelte Flucht einer Eidechse vor einem kräftigen Stubentiger wie Thomas O'Malley beobachtet. Mit acht Jahren feuert man die Katze noch begeistert an und lacht vergnügt, doch sobald man älter wird, achtet man nicht mehr darauf. Meine Frau ist der einzige Mensch auf der ganzen Welt, der zur Eidechse hält.

Es geschah an einem Sonntagmorgen. Normalerweise stehen wir früh auf, weil es gut für den Organismus ist, die Schlaf- und Wachzeiten dem Lauf der Sonne anzupassen. Darum werde ich im Kino oder bei Arbeitsessen am Abend um halb elf so schnell müde, denn bei uns zu Hause wird wie bei der Armee oder den Pfadfindern schon im Morgengrauen die Fahne gehisst. Wenn ich aufwache, steht Claudia meistens schon in der Küche und bereitet das Frühstück vor, davor hat sie aber schon eine halbe Stunde Yoga gemacht. Sie ist in Bestform und strahlt der Welt nur so entgegen. Ich hingegen sehe aus wie Shrek in einem Schützengraben während des Ersten Weltkriegs. Wir beide würden uns hervorragend für das Filmplakat von Disneys *Die Schöne und das Biest* eignen.

An jenem Tag stand das üppige Frühstück bereits auf dem Tisch im Garten. Meines bestand aus zerquetschter Banane mit Heidelbeeren, Vollkornroggen und gerösteten Sesamsamen. Abgesehen von der Tatsache, dass ich immer dachte, Roggen sei ausschließlich für Pferde geeignet, ist das gar keine so schlechte Mischung. Das Problem ist nur die äußerst geringe Menge. Was soll's?, werden Sie jetzt sagen, danach kannst du doch in die nächstbeste Bar gehen, dich mit Cappuccino betrinken und Croissants in dich hineinstopfen. Das habe ich sogar tatsächlich einmal getan. Aber als ich am Abend nach Hause kam, wartete Claudia schon an der Tür auf mich und musterte mich wie Fräulein Rottenmeier persönlich.

»Hast du heute Hefe gegessen?«

Dabei sah sie vorwurfsvoll auf meinen Bauch, der nichts Verdächtiges an sich hatte und genauso aussah wie am Morgen.

»Nein«, antwortete ich und wiegte mich in Sicherheit.

»Ich weiß genau, dass du Hefe gegessen hast. Lüg mich gefälligst nicht an.«

Derart in die Mangel genommen, gestand ich es ihr, ohne je zu erfahren, wie sie das herausgefunden hatte. Vorsichtshalber habe ich seither nicht mehr zuwidergehandelt. Jedenfalls nicht, wenn Claudia in Rom war.

An besagtem Morgen nahmen wir also unser reichhaltiges Festtagsfrühstück zu uns, als Rodolfo, der getigerte Kater unserer Nachbarn, in unseren Garten einfiel. Zu seinem Glück war seine eingeschworene Feindin Lana nicht da, sodass er wie der Hausherr persönlich herumstolzieren konnte. Er ignorierte unsere Anwesenheit und das Frühstück, da ihn eine viel einladendere Leckerei anlockte: eine saftige Eidechse. Die Verfolgung begann direkt vor Claudias Augen. Mit der Flinkheit eines Geparts stürzte sich Rodolfo auf die arme Eidechse. Gekonnt wie Wolverine grub er die Krallen in ihr Fleisch, woraufhin sich das Reptil ohne einen Mucks auf den Rücken rollte – schließlich kann nicht jeder wissen, wie ein Krokodil sich verteidigt. Der sadistische Stubentiger wollte gerade zum finalen Schlag ausholen, da mischte sich ein Störenfried ein.

»Geh weg, du böser Kater! Mörder!«, schrie Claudia und sprang mit einem gefährlichen Stangensellerie bewaffnet (ihr Frühstück) von ihrem Stuhl auf.

Der Wutausbruch meiner Gattin, die normalerweise sehr liebevoll mit dem Kater umgeht, verwirrte Rodolfo, und er ergriff die Flucht. Die Beschützerin aller Tiere eilte dem verwundeten Reptil sofort zu Hilfe. Die Katzenkrallen hatten es mit der Präzision eines Skalpells getroffen. Auf dem Bauch der Eidechse klaffte eine Wunde, und die Gedärme (oder was auch immer das war) quollen heraus. Sehen Sie, es kommt also doch auf die Größe an! Einem Krokodil hätte Rodolfo niemals so etwas angetan. Jedenfalls hoffe ich für ihn, dass er es nie ausprobieren wird.

»Sie lebt noch! Schnell, Wasser!«, rief Claudia so aufgeregt, als ob es sich um einen Notfall bei *Grey's Anatomy* handelte.

Ich eilte mit einem vollen Glas herbei und verkniff mir jeglichen Kommentar. In solchen Situationen halte ich mich besser im Hintergrund wie ein Hilfsarbeiter.

Claudia steckte den Finger ins Glas und näherte ihn dem Maul des im Sterben liegenden Reptils.

Ob Sie es glauben oder nicht, die Eidechse schien die Geste zu schätzen und trank. Danach versuchte Claudia etwas für die Patientin zu tun. Sie drückte die Gedärme wieder an Ort und Stelle und faltete sie wie Kleidungsstücke für einen zu kleinen Samsonite-Koffer zusammen. Leider linderte das die Krämpfe der Verunglückten ganz und gar nicht. Im Gegenteil.

»Sie muss sofort von einem Facharzt operiert werden«, bekräftigte Claudia. »Alleine schaffe ich das nicht.«

»Schau mich nicht so an«, sagte ich. »Ich habe noch nie eine Eidechse operiert.«

»Das weiß ich, du Idiot! Ruf gefälligst beim Nottelefon für exotische Tiere an!«

Mir war nicht gleich klar, ob sie mich auf den Arm nahm oder nicht.

»Wen soll ich anrufen?«

»Die Reptilienambulanz! Such die Nummer im Internet raus.«

Das Merkwürdige an der Sache war nicht, dass es in Rom eine Notaufnahmestelle für exotische

Tiere gab, sondern die Tatsache, dass Claudia davon wusste.

»Klar.«

Ich suchte die Nummer heraus und wollte ihr das läutende Telefon ans Ohr halten.

»Rede du mit ihnen, Liebling. Du siehst doch, dass ich ihr gerade zu trinken gebe.«

Ich stand kurz davor, zum ersten – und hoffentlich letzten – Mal mit der Notaufnahmestelle für exotische Tiere zu telefonieren.

»Notaufnahmestelle, guten Tag!«, sagte eine weibliche, samtige Stimme, die auch gut zu einer Frau im Erotik-Call-Center gepasst hätte.

»Also, wir haben da ein Problem mit... einem Reptil.«

»Was für ein Problem?«

»Eine Katze hat es am Bauch verletzt...«

»Wie schlimm ist die Verletzung?«

»Ziemlich schlimm. Es ist ein ganz schöner Schnitt.«

»Versuchen Sie zunächst einmal die Blutung zu stoppen...«

»So stark blutet es nicht...«

Claudia mischte sich wie immer ein und redete immer wieder dazwischen.

»Was sagt sie? Kommen sie vorbei?«

»Liebling, warte, die Frau erklärt mir gerade etwas.« Ich wendete mich wieder an die Telefonistin. »Was haben Sie gesagt? Die Blutung stillen...«

»Ja, und den Schnitt dann mit Betadine desinfizieren. Haben Sie die Salbe zu Hause?«

»Ja, ich glaube schon. Und dann?«

»Dann heben Sie die Echse vorsichtig hoch.«

»Vorsichtig?«

»Ja, Sie legen das Tier ins Auto und bringen es so schnell wie möglich zu uns. Bekommen Sie das hin?«

»Wie meinen Sie das?«

»Ich meine wegen des Gewichts. Sonst funktionieren Sie einfach ein Leintuch zu einer Trage um und bitten irgendjemanden um Hilfe.«

Ich schaute zu der Eidechse hinüber, die Claudia noch immer beaufsichtigte.

»Nein, ich glaube, das bekomme ich hin.«

»Und?«, fragte Claudia äußerst besorgt.

»Einen Moment, die Frau hat gesagt, dass wir sie hinbringen sollen. Hören Sie, der Transport ist kein Problem. Das Tier wiegt vielleicht zwanzig Gramm.«

»Was soll das heißen, zwanzig Gramm? Reden wir denn nicht von einem Leguan?«

»Einem Leguan? Nein, es geht um eine Eidechse.«

»Ach so, ein Komodowaran?«

»Nein, eine Eidechse. Eine kleine. Sie war hier im Garten.«

Schweigen.

»Wollen Sie damit sagen, dass Sie gerade meine Zeit wegen einer schnöden Eidechse vergeuden?«

Die schmeichelnde Stimme der Telefonistin klang nun ziemlich unsympathisch.

»Ja. Rodolfo, der Kater unserer Nachbarn, hat sie angegriffen.«

»Soll das ein Witz sein? Sie rufen tatsächlich wegen einer Eidechse an, die von einer Katze verletzt wurde?«

»Ja… Es ist nur so, meine Frau ist eine große Tierliebhaberin und…«

Claudia fühlte sich auf den Plan gerufen und mischte sich ein.

»Liebling, gibt es irgendein Problem?«

»Ja, ich glaube, dass sie normalerweise keine Eidechsen verarzten…«

Claudia riss mir das Telefon aus der Hand.

»Ach ja? Und warum nicht?«

»Hören Sie, weil wir uns normalerweise nur um Haustiere kümmern…«

»Diese Eidechse wohnt bei uns zu Hause. Sie ist ein Haustier.«

»Haben Sie verstanden, wie ich das meine? Tiere mit einem Namen, einer Plakette…«

»Ich gebe ihr sofort einen Namen, sie heißt Chicca. Sie verlieren hier nur wertvolle Zeit, währen Chicca leidet.«

»Wie soll ich es Ihnen denn noch sagen, wir betreuen keine Garteneidechsen…«

Da platzte Claudia der Kragen. »Sie sind eine

Speziesistin! Geben Sie mir sofort Ihren Namen, ich zeige Sie beim Tierschutz wegen Diskriminierung an. Das wollen wir ja mal sehen! Wenn Chicca stirbt, haben Sie das Tier auf dem Gewissen!«

Auf der anderen Seite war ein lautes, unverwechselbares »Klick« zu hören!

Claudia sah mich an.

»Sie hat aufgelegt! Sie hat einfach den Hörer aufgeknallt! Fausto, ruf sie zurück und lass dir ihre Daten geben. Wir zeigen sie an.«

Wenn sie Fausto zu mir sagt, ist die Lage ernst.

Rodolfo hatte zwei Fliegen mit einer Klappe geschlagen – und noch dazu die Eidechse. Er nutzte den Moment, in dem Claudia abgelenkt war, um sein Werk zu vollenden. Wir sahen, wie er mit der Eidechse im Maul zufrieden davontrabte und in einer Hecke verschwand. Adieu, Chicca, unser neues Haustier.

Claudia weinte bitterlich über die Niederlage.

»Es tut mir schrecklich leid, Chicca«, nuschelte sie schluchzend.

Wenn sie das macht, weiß ich nie, ob sie mich auf den Arm nimmt oder ob sie tatsächlich am Boden zerstört ist. Ehrlich gesagt, wüsste ich auch nicht, was beunruhigender wäre.

# Zeit der Entsagung

Während der Jahre mit Claudia kam mir immer mal wieder eine lange vergangene, fast vergessene Phase meines Lebens in den Sinn: der Katechismusunterricht. Richtig, in den Siebzigerjahren nahm ich am Katechismusunterricht teil, um die Erstkommunion empfangen zu dürfen, vor allem aber wegen der Geschenke und nicht etwa aus tiefer katholischer Überzeugung. Der pfiffige Pfarrer hatte ein sehr wirkungsvolles Spiel organisiert, bei dem es um kleine Opfer ging, mit denen er die Treue seines Kinderpublikums gewinnen wollte. Immer wenn einer von uns ihm anvertraute, worauf er während der Woche verzichtet hatte, bekam er vom Pfarrer ein Los für die Lotterie der Pfarrei, bei der es am Jahresende ein BMX-Rad zu gewinnen gab. Natürlich war er der oberste Richter und entschied, ob es sich tatsächlich um eine kleine Opfergabe handelte oder nicht und ob der Verzicht bedeutsam gewesen war.

Obwohl ich schon ein BMX-Rad besaß, verzichtete ich in der Schule eine Woche lang auf das süße Hefegebäck *Buondì* von Motta, hörte im Radio keine Fußballsendungen mehr, las keine *Alan-Ford*-Comics, traf mich nicht mehr draußen mit meinen Freunden, spielte nicht am *Commodore 64*, aß kein *Brickerl*-Eis und schaute nicht mehr *Happy Days*. Doch trotz meiner Bemühungen ging das BMX-Rad an meinen Schul- und Katechismuskameraden Colapicchioni, der bereits ein *Graziella*-Rad besaß und dieses zusätzliche Glück nicht verdient hatte.

Warum ich das erzähle? Weil es mir vorkommt, als würde ich ständig kleine Opfer bringen, als wäre mein Leben eine unablässige Verzichtserklärung, eine dauerhafte Nahrungsmittelenthaltsamkeit, nur dass als Hauptgewinn kein BMX-Rad winkt. Dennoch hat sich von einem Tag auf den anderen etwas in mir verändert. In den Jahren zuvor nahm mit voranschreitendem Alter meine Lebensenergie ab, während sie heute wieder mit übernatürlicher Kraft fließt. Man könnte meinen, die Liebe wäre dafür verantwortlich, da sie eine wirkungsvollere Droge als Methamphetamin ist, doch in Wirklichkeit habe ich das meiner Ernährung und den neuen Lebensgewohnheiten zu verdanken.

Ganz richtig, denn Claudia hat nicht nur meinen Kühlschrank auf den Kopf gestellt, sondern einen radikalen Wechsel meines Lebenswandels gefordert. Mehr Aktivitäten an der frischen Luft, mehr Sport, mehr Freizeit. Das sind übrigens die Eckpfeiler der Naturheilkunde – meine Frau macht einen Kurs darin. Für einen Workaholic wie mich, der sich vorher nur von Arbeitsstress und Konkurrenzkampf ernährte, war das die kopernikanische Wende. Nicht, dass ich früher keinen Sport betrieben hätte, im Gegenteil, doch mir war nur das Ergebnis wichtig und ich hatte dabei immer die Stoppuhr im Auge.

Als ich Claudia kennen lernte, die nicht den geringsten sportlichen Ehrgeiz hat, vollzog ich einen radikalen Kurswechsel, da ich sonst meinen Körper und meine Seele zerstört hätte.

Kleine Anmerkung für meine Tennispartner: Glaubt bloß nicht, dass ich künftig nicht mehr versuchen werde, euch zu schlagen. Sagen wir einfach, dass ich eine eventuelle Niederlage gelassener hinnehmen werde.

Das vorausgeschickt, muss ich Ihnen allerdings gestehen, dass der Alltag mit einer solchen Frau kein Zuckerschlecken war und ist. Es folgt ein kleines Beispiel, damit Sie verstehen, was ich meine.

Zu meinen größten Leidenschaften gehört die Taschenspielerkunst. Ich praktiziere sie nicht selbst, schaue aber leidenschaftlich gerne Zauberern zu. Ich mag es, wenn man mich wie ein achtjähriges Kind in Staunen versetzt, wie damals, als ich gebannt vor dem Fernseher saß und dem Illusionisten Silvan zusah. Einmal gelang es mir, Claudia zu einer Theatershow mit dem Namen *Supermagic* zu überreden, bei der einige hervorragende Illusionisten aus aller Welt auftreten sollten. Ich reservierte zwei Plätze in der ersten Reihe und war bereit, wieder zum achtjährigen Jungen zu werden.

Als Erster betrat ein äußerst zarter Magier aus China die Bühne und zeigte einen Kartenspieltrick. Der Zweite war ein deutscher Entfesselungskünstler, der sich wie ein frisch gebackener Houdini aus jedem Käfig befreite, und der Dritte ein Italiener, der sich einen Spaß daraus machte, die Zuschauer zu veralbern und eine Mischung aus Tricks und Clownerie darbot. Der Vierte war leider ein Spanier, der Tauben, Enten, Kaninchen herbei- und wieder wegzauberte – vermutlich eine Nummer, die als Ersatz für den Trick mit der zersägten Jungfrau dienen sollte. Der arme Zauberer hatte die Rechnung ohne meine kampflustige Frau gemacht, die sich kurz nach Beginn seines Auftritts zu mir herüberbeugte.

Flüsternd fragte sie: »Sind die Tauben echt?«

»Ja, Liebling, das ist ein Klassiker.«

»Und die Enten? Und die Kaninchen? Sind die etwa auch alle echt?«

»Ja.«

»Und wo waren die vorher?«

»Wie vorher?«

»Bevor sie hier aufgetaucht sind?«

»Keine Ahnung. Wahrscheinlich in seinem Ärmel oder im Jackett.«

»Spinnt der? Damit tut er ihnen doch weh!«

An der Stelle stand Claudia auf und platzte heraus: »Das ist eine Schande! Ich werde Sie beim Tierschutz anzeigen! Hören Sie sofort auf damit, Sie Mörder!«

Stellen Sie sich nun bitte das Gesicht des spanischen Zauberers vor. Er wusste genau, worum es ging. Eine Verrückte bezeichnete ihn aufgrund einer Nummer mit einem Kaninchen in einem Zylinder als Mörder. Er sagte irgendwas auf Spanisch zu Claudia, die allerdings gleich noch eins draufsetzte.

»Ich würde ja zu gerne wissen, wo du sie hältst, wenn du sie transportierst. Du steckst sie doch nicht etwa in einen Käfig?«

Das Publikum lachte, alle starrten uns an. Ich beugte mich zu der älteren Dame neben mir hinüber und hoffte, dass ich als ihr Neffe durchging. Ich wollte mich unbedingt von dem Vorfall distanzieren. Doch die Lage war bereits völlig außer Kontrolle geraten, der Zauberer hatte seine Darbietung unterbrochen und seine Nummer nicht mehr im

Griff. Ein paar Gänse rannten durch den Saal und sorgten für Panik in den ersten Reihen, ein Kaninchen verschwand hinter der Bühne, die Tauben flogen auf und verwandelten das Teatro Olimpico in eine riesige Voliere. Es war ein heilloses Durcheinander. Irgendwann ging das Licht an, der Vorhang fiel und das Ende des ersten Aktes wurde um einige Minuten vorgezogen. Ein paar Theaterangestellte gingen auf die Jagd nach den flüchtenden Tieren, während das Publikum tuschelte, hämisch kicherte und Claudia beobachtete. Viele bekundeten auch ihre Solidarität, vor allem, weil meine Frau so gut aussah, glaube ich.

Mir reichte es. Ich beschloss, mich der Sache zu stellen und mit Claudia das Theater zu verlassen. Doch wir konnten erst gehen, nachdem ich ihr versprochen hatte, den Zauberer anzuzeigen. Alle Blicke waren auf uns gerichtet, irgendwer erkannte uns wieder, es war eine einzige Blamage.

Am nächsten Tag erklärte ich ihr mit kühlem Kopf, warum es besser wäre, von einer Anzeige abzusehen, die sowieso zu nichts führen würde. Claudia nahm sich trotzdem fest vor, eine Petition zum Auftrittsverbot für Tiere in Zaubervorstellungen zu unterschreiben. Der *Cirque du Soleil* hatte es im Grunde ja auch geschafft, ein Programm ohne Tiere auf die Beine zu stellen.

Ich bin mir sicher, dass sie die Sache nicht fallen

lassen wird. Genauso sicher bin ich mir, dass unser gemeinsames Leben von solchen Abenden geprägt sein wird. Sehr amüsant als Anekdote, aber in der Realität eine Katastrophe.

# Eine geniale Schummelei

An dieser Stelle werden Sie sich vermutlich bereits gefragt haben, warum ich mich einem derart anstrengenden, geradezu militärisch strengen kulinarischen Gesundheitsaposteltum unterziehe. Die einleuchtende Antwort darauf wäre wohl: aus Liebe. Doch es gibt auch noch einen anderen, einen egoistischeren und nicht ganz so offensichtlichen Grund dafür. Meine Frau behauptet, dass sie dann nicht so lange Witwe sein werde. Ein zugegebenermaßen ziemlich überzeugender Satz mit großer Wirkung. Tief in unseren Herzen denken wir doch alle, dass wir unsterblich sind, tatsächlich hängen die uns bevorstehenden Lebensjahre aber sehr von unseren Ernährungs- und Lebensgewohnheiten ab. Inzwischen sollte jedem klar sein, dass Vorsorge besser als Nachsorge ist und es sich dabei nicht nur um ein Sprichwort, sondern um eine traurige Tatsache handelt. Wirklich zu schade, denn seltsamerweise sind all die schönen Dinge des Lebens auch schädlich.

Was ist gesünder, Stangensellerie oder ein Brot mit Butter und Marmelade?

Raten Sie mal, welche Antwort richtig ist.

Ist ein Dinkelsalat gesünder oder ein Blech Lasagne?

Ein Seitansteak oder ein richtiges?

Man muss kein Arzt oder Veganer sein, um zu wissen, dass die leckersten Nahrungsmittel diejenigen sind, die krank machen. Das ist eine goldene und zugleich verdammt unsinnige Regel.

Bei uns zu Hause leben wir nach dem Motto: »Iss ekelhafte Sachen, damit es dir besser geht«. Dafür gibt es strikte Regeln: Es kommen keine toten Tiere ins Haus, genauso wenig wie Milch oder Milchprodukte, keine Eier (außer sie stammen von freilaufenden, glücklichen Hühnern) und kein Gluten auf den Tisch. Es klingt nach einer einzigen Lebensmitteltragödie, doch tatsächlich ist Claudia eine hervorragende Köchin, die im Laufe der Zeit ihre Kunst so perfektioniert hat, dass man kaum etwas vermisst. Manchmal gestattet sie mir eine Portion Venus- oder Miesmuscheln, aber nur »weil die kein zentrales Nervensystem haben und nicht leiden können«. Wenn ich glutenfreie Spaghetti mit Meeresfrüchten esse, kommen bei mir keine Schuldgefühle auf.

Doch eines möchte ich hier klarstellen: Manchmal übertrete ich dieses Gesetz und nehme verbotene und tödliche Nahrungsmittel wie Crème Caramel oder Tortellini zu mir, doch danach bin ich praktisch verpflichtet, meine Vergehen zu beichten und die gerechte Strafe dafür zu verbüßen. Jedes Vergehen kostet mich mindestens einen Tag Diskussionen und diverse Stunden Privatunterricht in Naturheilkunde, in dem es darum geht, welchen verdammten Schaden ich meinem Organismus mit der Portion Tortellini in brodo schon wieder zugefügt habe. Nach dieser »Vergiftung«, wie Claudia es optimistisch nennt, folgt die obligatorische Entschlackungskur mit Zitronenwasser. Gäbe es ein Haushaltsgerät, mit dem man sich im Esszimmer selbst den Magen auspumpen könnte, würde sie es sich garantiert zulegen und ich wäre ihr Lieblingspatient.

Allerdings gibt es ein Problem, wenn meine Frau für ein paar Tage auf Geschäftsreise ist und ich in Rom, der Stadt der unendlichen kulinarischen Verführungen, alleine bin. Am ersten Tag verzehre ich noch die Lebensmittel, die meine Gattin im Kühlschrank deponiert hat. Suppen, Capponata und Salate aus Quinoa. Doch sobald der Vorrat aufgebraucht ist, muss ich mich an den Ort des Verderbens begeben, im allgemeinen Sprachgebrauch auch »Supermarkt« genannt.

Normalerweise durchquere ich die Gemüseabteilung am Eingang sehr zügig. Schließlich kenne ich
sie wie im Schlaf, so wie früher den Schulweg. Unmittelbar danach öffnet sich der Vorhang zu meiner Lieblingsabteilung mit den vielen Kühlregalen
und Milchprodukten. Vor mir stapeln sich, ordent-
lich aufgereiht und in allerlei leuchtenden Farben,
Fruchtjoghurts, sechsunddreißig Monate gereifter
Parmesan, aromatische Butter und Käsesorten un-
terschiedlicher Herkunft. Ich lasse mich vom Gor-
gonzola-, Camembert- und Provoloneduft berau-
schen. Ich fülle die Lungen mit der Essenz von
Verführung und Tabu. YouPorn ist nichts im Vergleich zum Kühlregal mit Milchprodukten. Ich bekomme eine peinliche Erektion und befürchte, dass
die Verkäuferin mittleren Alters es bemerkt hat.
Ich stelle mir vor, wie sie kichernd weiter Zwieback
im gegenüberliegenden Regal auszeichnet und es
kaum erwarten kann, mit ihren Kollegen darüber
zu tratschen.

»Leute, der Perversling, der sich vor dem Käse-
regal aufgeilt, ist wieder da.«

Ich kann den Blick kaum von den glänzend wei-
ßen Abteilungen abwenden. Ich stehe vor dem
Kühlregal wie vor einem wertvollen Gemälde von
van Gogh und schaue mir die hypermoderne, mit
Kalzium angereicherte Milch an, den Galbanino-
Weichkäse, der mich an die Nachmittagsimbisse

am Meer erinnert, die Käseecken von Mio, die in heiße Brühe gedrückt besser sind als ein Wochenende auf einer einsamen Insel mit Scarlett Johansson, den Scheiblettenkäse, der in Verbindung mit Schinken auf einem Toast nahezu erotische Fähigkeiten entwickelt, und schließlich den Schokoladenpudding, den ich hier sicher nicht näher erklären muss.

In dem riesigen Regal stehen jedoch nicht nur meine geliebten Milchprodukte, sondern auch hübsche Packungen Gnocchi und Gnochetti, Ravioli, Eierfettuccine, Margarine, Fertigteig für Lasagne und Pizza, klassische Pestosaucen ohne Knoblauch für romantische Abende und verschiedenfarbige Fertigsaucen. Das ruft bei mir jedes Mal ein kulinarisches Stendhal-Syndrom hervor. Wenn das nicht das Paradies ist, so kommt es ihm doch sehr nahe. Das einzige Problem ist, dass all die aufgezählten Nahrungsmittel bei uns zu Hause strengstens verboten sind. Ich begehe bereits eine unreine Tat, indem ich davor stehen bleibe und schnuppere.

Die Angestellten beäugen mich jedes Mal misstrauisch, sobald ich den Laden betrete. Niemand bleibt eine Viertelstunde vor einem Regal stehen, ohne etwas zu kaufen. In unserer hektischen, schnelllebigen Zeit hasten die Kunden hier nur so durch die Gänge, als wäre es der Nürburgring. Ich bin der Einzige, der es niemals eilig hat.

Das letzte Mal kehrte ich gerade frustriert in die Gemüseabteilung zurück, als ich von etwas aufgehalten wurde. Es war wie ein Ruf der Wildnis, ein Gefühl der Rebellion, ein Lebensmittelaufstand, der mich sofort wieder vor das Kühlregal mit den Milchprodukten lotste. Kurz darauf füllte ich meinen Einkaufswagen mit allen erdenklichen Köstlichkeiten: gereifter Käse, junger Käse, Philadelphia natur und mit Lachs, Jocca-Frischkäse in der Familienpackung, griechischer Joghurt, als gäbe es kein Morgen, und das Wichtigste: geräucherter Scamorzakäse zum Grillen. Am Ende wollte ich auch noch eine Packung Fetakäse mitnehmen, stellte dann aber fest, dass Feta ohne Salat und Tomaten keinen Sinn ergab, und legte ihn zurück.

Ich hatte nicht die geringste Absicht, in den wenigen mir verbleibenden Tagen der Freiheit Gemüse zu verzehren. Ich lud die engsten und zuverlässigsten Freunde zum Abendessen ein, wir prassten bis spät in die Nacht hinein und rundeten den Abend um Mitternacht mit Pasta Cacio e Pepe ab. Am nächsten Morgen wachte ich mit einem Blähbauch und völlig benommen auf. Rasch beseitigte ich die Spuren des Gelages und ging zur Arbeit. Als ich am Abend nach Hause kam, war Claudia früher als erwartet von ihrer Reise zurückgekehrt. Sie empfing mich nicht mit einem Lächeln, sondern ging unmittelbar zur Attacke über.

»Was hast du gemacht, während ich nicht da war?«

Ich verstand nicht, worauf sie hinauswollte, und leugnete erst einmal alles, wie man das im Ehevorbereitungskurs so lernt: abstreiten, immer schön abstreiten.

»Ich schwöre dir, Liebling, ich habe nichts getan. Ich habe gestern mit Freunden zu Abend gegessen, erst ein Salat, dann ein Film, danach ins Bett.«

»Hör doch auf, ich weiß genau, was du gemacht hast!«

Ich gestikulierte und versuchte herauszufinden, worauf sie anspielte.

»Keine Ahnung, wovon du redest.«

»Ach nein? Und was ist das hier?«

Sie zog eine Tüte mit geriebenem Parmesan aus dem Kühlschrank, die mir beim Aufräumen vermutlich entgangen und hinter die Seitan-Koteletts gerutscht war.

»Parmesan. Wie kommt der in unseren Kühlschrank?«

»Genau, wie kommt der da hin?«

»Ich schwöre dir, ich habe nichts damit zu tun. Jemand hat mich reingelegt. Bestimmt wollte mir einer meiner Freunde einen Streich spielen.«

»Willst du damit sagen, dass deine Fingerabdrücke nicht auf diesem Beutel sind? Würdest du das beim Leben deiner Mutter schwören?«

Äh, nein, das war unfair. Sie müssen wissen, dass

Claudia einen Onkel hat, der in den USA lebt und bei der Polizei arbeitet. Ich hatte also den begründeten Verdacht, dass sie ihn anrufen und den Parmesan in die forensische Abteilung des FBI schicken würde. Dann wäre ich sofort aufgeflogen. Wie dem auch sei, selbst wenn sie nicht so weit gegangen wäre, hätte der Zweifel über den heimischen Handel mit Parmesan lange zwischen uns gestanden und unsere Beziehung belastet. Es war besser, sofort zu beichten und über das Strafmaß einen Vergleich auszuhandeln.

»Na gut, Liebling, ich habe den Käse gekauft. In einem schwachen Moment. Nach drei Jahren Beziehung kann das schon mal vorkommen.«

Fassungslos und verängstigt sah sie mich an, als hätte ich soeben den Mord an einem unserer Nachbarn gestanden.

Mit letzter Kraft hauchte sie: »Du hast mich schwer enttäuscht.«

»Komm, jetzt übertreibst du aber. Das sind doch nur zweihundert Gramm Parmesan.«

»Das ist keine Frage der Menge, ich habe einfach das Vertrauen in dich verloren. Wer weiß, was du sonst noch alles anstellst, wenn ich nicht da bin.«

»Ich war es eben leid, Nudeln ohne Käse zu essen… wenn sie schon glutenfrei sein müssen.«

»Man muss den Versuchungen widerstehen, vor allem, wenn man sie schlecht verdaut.«

»Ich verdaue Parmesan sehr gut. Außerdem schmeckt er mir.«

Die Diskussion artete aus und gipfelte darin, dass Claudia rief: »Ich hätte dich lieber mit einer Blondine im Whirlpool erwischt!«

Ernsthaft! Genau das hatte sie gesagt.

Ich wollte die Bestätigung.

»Soll das heißen, dass du lieber betrogen werden willst, als ein bisschen Käse im Kühlschrank zu finden?«

»Natürlich! Das würde mir zwar auch nicht gefallen, aber das wäre wenigstens körperliche Ertüchtigung, die Endorphine freisetzt, den Kreislauf anregt und die Laune verbessert. Du weißt, dass mir deine Gesundheit wichtig ist.«

Wenn du wüsstest, wie wichtig sie mir ist!, dachte ich begeistert.

Sie stimmen mir sicher zu, dass Claudia mir damit quasi auf dem Silbertablett eine Rechtfertigung servierte, falls so ein schreckliches Szenario eines Tages tatsächlich eintreten sollte und meine Gattin mich dabei erwischen würde, wie ich mich im Whirlpool mit einer Blondine auf der Durchreise vergnügte.

»Liebling, ich wollte mir schon einen Caciocavallokäse kaufen, habe es mir dann aber anders überlegt, denn du hast ja recht. Es ist besser, wenn man fit bleibt.«

Sie wusste sofort, worauf ich mit meiner scharfsinnigen Bemerkung hinauswollte.

»Das würde mich allerdings nicht daran hindern, dich rauszuwerfen, sollte ich dich jemals mit einer anderen im Bett erwischen.«

Damit saß ich in der Falle. In einem alten Lied von Gian Pieretti mit dem Titel »*Pietre* – Steine« heißt es: *Bist du brav, wirft man mit Steinen nach dir. Bist du böse, wirft man mit Steinen nach dir. Was du auch anstellst, wo du auch bist, man wird dir Steine ins Gesicht werfen!*

Richtig, nur dass es in meinem Falle keine Steine, sondern Tofustückchen waren. Das Ergebnis ist allerdings das gleiche. Ich konnte dem Schicksal des ewig Getadelten nicht entrinnen und dem Hamsterrad, in dem ich steckte, einfach nicht entfliehen.

# Big Jim

Ich gebe es ja zu. Meine Haare waren noch nie meine Stärke. Bei der Auswahl meiner Gene muss ich ganz unbewusst mit der Präzision eines unfehlbaren Bogenschützen direkt auf die Defekte meiner Familie väterlicherseits gezielt haben. Es gibt da eine lange, fest verwurzelte Tradition in bescheidener Haarqualität, und zwar in allen Varianten: sowohl kreisrunder als auch diffuser Haarausfall, Toupet, Glatze mit Haarkranz. Ich habe den Standard ein wenig gehoben, denn meine Haare lichten sich bisher nur leicht am Hinterkopf. Wenn jemand kleiner ist als ich, fällt ihm das nicht auf. Zum Glück sind fast alle Frauen kleiner als ich. Das geht dann zumindest so lange gut, bis wir zusammen in einem Bett schlafen und sie nicht vor mir wach werden. Ich erinnere mich noch gut daran, als Claudia eines Morgens gequält aufschrie.

»Du hast ja eine Glatze!«

»Guten Morgen, Liebling«, antwortete ich verschlafen.

»Das ist mir bisher nie aufgefallen«, beharrte sie.

»Was denn?« Mein Betriebssystem lief noch nicht ganz auf Hochtouren.

»Dass du eine Glatze hast!«

»Zunächst einmal habe ich gar keine Glatze, mein Haar ist oben nur ein wenig dünner.«

»Aber du wirst bald eine haben!«

»Das glaube ich nicht, ich bin doch schon längst in einem Alter, in dem man…«

Sie unterbrach mich und ließ mir keine Zeit, mir eine anständige Verteidigung auszudenken.

»Ich finde kahlköpfige Männer abscheulich und total unerotisch. Wenn du eine Glatze bekommst, werden wir nur noch eine rein platonische Beziehung führen können. Da ich aber gerne Sex habe, sehe ich keinen anderen Ausweg, wir müssen uns sofort trennen.« Meine Frau ist bei gewissen Anlässen äußerst einfühlsam und taktvoll.

Vor meinem geistigen Auge sah ich mich bereits in der Haarsprechstunde sitzen. Ich stellte mir vor, wie die kräftigsten Härchen an Brust und Oberschenkeln wie Zucchinipflänzchen auf die Kopfhaut umgesiedelt wurden. Falls sie keine Wurzeln schlugen, konnte ich auf ein gut gemachtes Toupet zurückgreifen, vorausgesetzt, ich lief niemals gegen den Wind. Dazu stellte ich mir die gut gemeinten Kommentare der Leute vor.

»Pst, da kommt Fausto mit seiner Herrenperücke!«

Im schlimmsten Fall hätte es noch die Lösung gegeben, die man gerne beim Film verwendet: Rußmalerei mit einem versengten Korken. Ein ebenso unkompliziertes wie logisches Verfahren, ähnlich den Kohlezeichnungen, wie man sie in der Schule macht. Mit einem optisch absolut überzeugenden Ergebnis. Vorsicht nur beim Baden im Meer oder unter der Dusche!

Der haarige Feldzug gegen ein Problem, von dem ich bisher nicht einmal wusste, dass es existiert.

Ich sah Claudia an, als hätte sie mich gerade zum Tode verurteilt.

»Keine Sorge, Liebling, dafür habe ich eine Lösung.«

Ich wusste nicht, ob ich erleichtert oder eingeschüchtert sein sollte.

»Die da wäre?«, murmelte ich mit dünner Stimme.

»Eine von mir entwickelte Haarkur.«

»Wann hast du die denn entwickelt?«

»Bisher war es nur so eine Idee. Ich warte schon lange darauf, sie endlich mal bei jemandem auszuprobieren.«

Und so wurde ich zum menschlichen Versuchskaninchen. Bei den verschiedenen Berufen, die ich in meinem Leben schon ausgeübt habe, hatte mir das gerade noch gefehlt.

»Ist die auch sicher?«, fragte ich äußerst besorgt.

Vor meinem geistigen Auge sah ich mich bereits mit violettem Haar, glatzköpfig und mit vereinzelten Haarbüscheln wie eine menschliche Fackel.

Sie erwiderte seelenruhig: »Alles besteht aus natürlichen Zutaten.«

Das war keine sonderlich beruhigende Antwort. Auch Nitroglycerin wird aus natürlichen Stoffen hergestellt, und die Wirkung ist allgemein bekannt.

Beim Frühstück sah ich ihr dabei zu, wie sie à la Miraculix einen Zaubertrank mischte. Sie goss, kochte und mischte wie ein erfahrener Druide. Letzte Zutat war ein harmloses Ei, das sie mir entwendet hatte, bevor ich es in die Pfanne hauen konnte. Schließlich stellte ich ihr die Frage, die mir schon die ganze Zeit im Kopf herumgeisterte:

»Muss ich die Brühe etwa trinken?«

Sie lachte und redete mit mir wie mit einem naiven Kind.

»Natürlich nicht! Sonst hättest du innerhalb von zehn Minuten einen Magendurchbruch und wärst tot. Das wird auf dem Kopf verrieben.«

Sehr gut, allerdings enthielt ihre Antwort das Wort »tot«, und das fand ich gar nicht erbaulich.

»Dürfte ich wenigstens erfahren, was für einen Wirkstoff das Zeug hat?«

Sie erklärte mir, dass die geheimnisvolle Tinktur meine Haare, vor allem aber meine Kopfhaut kräftigen werde.

»Alle unterschätzen immer, dass man nicht das Haar, sondern die Haarwurzeln schützen muss. Die Haare fallen nur aus, weil die Wurzeln geschwächt sind.«

Das klang logisch, aber nicht befriedigend. Ich vermied es, ihr weitere Fragen zu stellen. Es war sowieso schon zu spät. Der Zaubertrank war fertig.

Sie befahl mir, mich auf einen Hocker zu setzen, und ich nahm Platz wie ein Gefangener im Todestrakt auf dem elektrischen Stuhl. Dann schloss ich die Augen, während sie mir die Brühe über den Kopf goss und sich dabei vergewisserte, dass sie sich auch gleichmäßig verteilte.

»Du bleibst jetzt eine Viertelstunde ruhig sitzen. Und ja nicht kratzen!«

»Kratzen, warum? Wird es denn jucken?«

»Keine Ahnung, das ist ein Experiment. Sag bitte Bescheid, sobald du irgendwas bemerkst, damit ich die Rezeptur verfeinern kann. Brennt es?«

»Nein, sollte es?«

»Ich dachte nur.«

Sie ging unter die Dusche und ignorierte einfach meine nächste Frage.

»Wie sehr soll es denn brennen? Du hast nichts davon erwähnt, dass es brennen könnte!«

Ich blieb die vereinbarte Viertelstunde sitzen, und tatsächlich verspürte ich bald eine gewisse Wärme. Aber vielleicht war das auch bloß Einbildung. Dann kehrte meine Peinigerin in ihrem blütenweißen Bademantel und mit einem Lächeln zurück.

»Und?«, fragte sie mich.

»Und was?«

»Alles in Ordnung, meine ich?«

»Ja. Was soll ich als Nächstes tun?«

»Ich würde sagen, du spülst die Haare aus, dann kontrollieren wir das Ergebnis.«

Ich war erleichtert. Das Wort »spülen« gefiel mir sehr.

Als ich aufstand, griff ich mir instinktiv ins Haar. Was ich spürte, rief in mir eine längst vergrabene, aber nie vergessene Erinnerung wach. Ich hatte Haare wie Big Jim. Sie fühlten sich kompakt an, fast wie die Plastikhaare meiner Lieblings-Actionfigur. Ich war ein Big Jim mittleren Alters, hatte zwar nicht den Sixpack, den ihm ein erfahrener Mitarbeiter bei Mattel verpasst hatte, dafür aber dieselbe Betonfrisur. Eine harte, dichte und wasserabweisende Löwenmähne, wie ich kurz darauf feststellte.

Ich ließ unter der Dusche einen Schrei los.

»Liebling, ich glaube, das Wasser perlt an meinen Haaren ab oder an dem, was von meinen Haaren noch übrig ist!«

»Das ist wegen der Eiermasse. Keine Sorge, das löst sich gleich auf.«

Tatsächlich entwirrten sich die Haare nach ein paar Minuten unter der Dusche. Ich war gerettet. Dachte ich zumindest.

Als ich mich vor den Spiegel stellte, bemerkte ich sofort, dass irgendwas nicht stimmte. Ich hatte komische rötliche Flecken auf der Haut, von denen einer sogar bis hinunter auf die Stirn reichte.

Ich ging ins Nebenzimmer zu Claudia und versuchte ruhig zu bleiben.

»Irgendwas stimmt hier, glaub ich, nicht.«

Sie begutachtete mich mit professionellem Blick und versuchte gelassen zu wirken.

»Genau wie ich befürchtet habe.«

»Was soll das heißen?«

»Das Johanniskrautöl hat Flecken auf der Kopfhaut hinterlassen.«

Ich verlor langsam die Geduld.

»Wärst du bitte so gnädig und würdest mir verraten, was Johanniskrautöl ist?«

»Ein Öl. Ein natürliches Produkt, Liebling, ganz ruhig.«

»Ich bleibe gar nicht ruhig! Ich will sofort wissen, was zum Teufel Johanniskraut ist und wieso es Flecken auf meinem Kopf hinterlassen hat.«

»Das Öl wird aus Johanniskrautblüten gewonnen, die am vierundzwanzigsten Juni, am Johannistag, gesammelt werden. Man lässt sie in der Sonne gut durchziehen, damit sie ihre ganze ätherische und therapeutische Kraft entwickeln können.«

Ich machte ein Gesicht wie Dick, wenn er nicht weiß, ob er Doof strangulieren oder es einfach aufgeben soll, während Claudia weiterdozierte wie ein lebendiges Online-Lexikon.

»Johanniskraut ist ein natürlicher Karotinspeicher, darum ist es rubinrot und verfärbt alles, womit es in Berührung kommt.«

»Wie schlimm ist die Verfärbung denn?«

»Sie ist dauerhaft.«

»Erklär es mir, bevor ich dich bei den Carabinieri wegen Körperverletzung anzeige. Du hast meine Kopfhaut dauerhaft eingefärbt?«

»Hör mal, Johanniskrautöl hat unglaubliche Eigenschaften. Es unterstützt die Regeneration der Zellen und ist ein natürlicher Gefäßschutz.«

»Mich interessiert nur, dass es überall Flecken hinterlässt. Wie zum Henker soll ich das je wieder abwaschen?«

Wenn man mir den Kopf mit Johanniskrautöl imprägniert, kann ich schon mal ein wenig vulgär werden.

»Du sollst das Öl nicht abwaschen. Es geht irgendwann von selbst weg.«

»Was soll das heißen?«

»Das heißt, dass sich die oberste Hautschicht

ungefähr alle vier Wochen komplett erneuert. Du musst dir das wie bei einem Malblock vorstellen, dessen oberstes Blatt befleckt wurde. Nach vier Wochen blätterst du einfach um.«

»Und was soll ich deiner Meinung nach in diesen vier Wochen tun?«

Ihre Antwort klang verwirrend.

»Du könntest einen Hut aufsetzen. Der würde dir bestimmt hervorragend stehen.«

Ich reagierte nicht und starrte wie hypnotisiert auf mein Spiegelbild mit der kaminroten Schmierspur à la Gorbatschow auf der Stirn.

Claudia fuhr unbeirrt fort: »Allerdings würde ich dir raten, ein paar Tage das Haus nicht zu verlassen.«

»Und warum nicht?«

»Du stinkst nach faulen Eiern«, war ihre Antwort, als wäre nicht sie dafür verantwortlich.

Sie hatte recht. Ich stank schrecklich nach faulen Eiern.

»Wenn du willst, mache ich dir eine Haarpackung mit Apfelessig, die neutralisiert den Geruch.«

»Nein danke«, zwei Packungen an ein und demselben Morgen erschienen mir zu viel.

»Du wirst sehen, deinen Haaren wird es danach viel besser gehen. Ich kann jetzt schon sehen, dass sie sich regeneriert haben«, schloss das Chemiegenie, in das ich mich verliebt hatte, triumphierend ab.

Das war nur ein geringer Trost. Ich sagte ihr nicht, dass ihr selbst zusammengebrautes Gemisch aufgrund der nicht sichtbaren Nebenwirkungen, die ein soziales Leben praktisch unmöglich machen, wohl kaum den Markterfolg von Aspirin erzielen würde.

Ich sagte einfach: »Danke, Liebling.«

»Bitte«, antwortete sie mit ihrem Lächeln, das mir jedes Mal aufs Neue den Atem raubt.

Für die Nacht verbannte sie mich aufgrund des strengen Eiergeruchs aufs Sofa im Wohnzimmer. Meinen Platz im Doppelbett nahm sofort Lana ein, obwohl sie auch nicht gerade nach Lavendel duftet.

Ein paar Tage lang war ich gezwungen, mit den Drehbuchautoren über Skype zu arbeiten, wobei ich das Licht so kunstvoll ausrichtete, dass auf meiner Stirn ein Schatten entstand, der den Fleck verdeckte. Dann nahm die Zellerneuerung ihren Lauf, und alles wurde wieder normal. Inzwischen sind meine Haare in Bestform. Ich glaube, sie haben sich an jenem Morgen zu Tode erschrocken und simulieren seither Regeneration, um ja nicht noch einer Anwendung ausgesetzt zu werden.

Gestern Nachmittag habe ich meinen Schrank aufgeräumt und den guten alten Big Jim wiedergefunden, der 1975 einmal dreitausend Lire gekostet hatte. Als mein Vater ihn mir schenkte, war das der schönste Moment in meinem ganzen Leben. Es war die Karate-Version von Big Jim, die, wenn man auf dem Rücken auf einen Knopf drückte, den Arm nach unten ausfuhr, als würde die Figur mit einem gezielten Schlag einen Ziegelstein zertrümmern. Ich habe ihn aus der Schachtel gezogen, in der er mit all den anderen Schätzen meiner Kindheit ruht. Ich habe seine Haare berührt und dabei wehmütig über die vergangenen vierzig Jahre gelächelt, die wie im Flug vergangen sind. Und über das Johanniskrautöl.

# Nackt und unverhüllt

Im Leben können die dramatischsten Dinge passieren. Krankheiten, Todesfälle, Hungersnöte, Rentenkürzungen, Unfälle, Scheidungen. Jedes dieser Unglücke hinterlässt auf Körper und Seele Narben und Trauer. Irgendwie habe ich das Gefühl, dass ich dieser Liste tragischer Ereignisse noch eines hinzufügen muss, das mir im September 2013 widerfahren ist. Im Rückblick lässt sich dieser schreckliche Monat mit einem Begriff zusammenfassen, der sehr gut die kulinarische Wüste beschreibt, in der ich mich damals wiederfand: Rohkostzeit.

Claudia hatte beschlossen, dass wir uns einen Monat lang einer Entschlackungskur unterziehen sollten – wovon genau, wissen allein sie und Gott. Sich ausschließlich von Rohkost zu ernähren, vorwiegend von Obst und Gemüse, ist eine Erfindung des extremistischen Flügels der Veganer, sozusagen

der Roten-Armee-Fraktion unter den Gesundheits-
aposteln. Wenn man ausschließlich rohe Pflanzen
zu sich nimmt, hat das eine sehr stark entschla-
ckende Wirkung. In vier Wochen habe ich sechs
oder sieben Kilo Gewicht verloren. Allerdings auch
jede Menge Lebensfreude. Adieu, Nudeln, adieu,
Gemüsewok, adieu, Ofenkartoffeln, adieu, Zwiebel-
suppe, adieu, gegrillte Auberginen. Alle Rezepte,
an die ich mich während meiner Zeit als Veganer
im Praktikantenstadium geklammert hatte, wurden
mir entrissen. Jetzt gab es nur noch Säfte, Salate,
Obst und sonst so gut wie nichts. In Wirklichkeit
sind erfahrene Rohköstler sehr kreativ und haben
zu den klassischen Gerichten Ersatzmahlzeiten er-
funden, wenigstens der Form nach. So lernte ich
unter anderem Zucchinispaghetti mit nativem, kalt
gepresstem Olivenöl in Bioqualität und sonnen-
getrockneten Kräckern kennen. Mit diesen kleinen weißen Quadraten könnte man hervorragend
öffentliche Toiletten fliesen, für die menschliche
Ernährung hingegen eignen sie sich eher weniger
gut. Genauso wie der Cheesecake, der gar keinen
*cheese* enthält und daher schon vom Namen her
Betrug ist.

Claudia ist ein Profi, wenn es darum geht, mein
Leben zu verkomplizieren. Sie belegte also einen
Kochkurs für Rohkost, bei dem man ihr beibrachte,
wie man Gemüse geschickt schneidet, um von der

geringen Substanz und dem faden Geschmack abzulenken. Bei uns hielt außerdem ein luxuriöses Küchengerät namens Vitamix Einzug, das nichts weiter als ein Mixer mit einem sehr starken Motor ist, der alles zu Staub mahlen kann, vermutlich sogar die Adamantium-Krallen von Wolverine. Der Motorenlärm, den der Vitamix macht, klingt halb wie die Yamaha von Valentino Rossi und halb wie ein Gravitationsbeschleuniger, wie man ihn am CERN zur Kernfusion verwendet. Der geniale Mixer kann zudem (aus mir unerklärlichen technischen Gründen) tiefgekühltes Obst ohne Zusatz von anderen Zutaten in feinkörniges Speiseeis verwandeln. Das Eis war letztlich das Lebensmittel, das mir während des Monats der kulinarischen Agonie das Überleben gesichert hat. Mein Nahrungsmittelrettungsfloß.

Claudia überwachte jeden Morgen das Frühstück, das aus praktisch nichts bestand, um mir anschließend eine Flasche, die unbedingt aus Glas sein musste, mit verschiedenen Säften aus Obst und noch mal Obst zu reichen. Konsistenz und Farbe erinnerten an *Slime*, die klebrige grüne Masse, mit der die Kinder in den Siebzigerjahren gespielt haben. Der Geschmack war aber noch viel schlimmer. Jeden Tag würgte ich diese Brühe herunter, die meinen Organismus entschlacken, regenerieren und meinen über vierzigjährigen Organen mehr Energie verleihen sollte. Tatsächlich fühlte ich mich irgendwann entschieden besser – jedenfalls bis zu jenem Mittwoch in der zweiten Woche.

An dem Tag hatte ich die Flasche mit dem verblüffenden Cocktail auf dem Rücksitz meines Autos vergessen, das in der Sonne stand. Ich ging ins Büro, versackte in ein paar Meetings und hatte nicht einmal die Zeit, eine kurze Pause einzulegen. Ein ganzer Fastentag, dachte ich, das kann den Entschlackungsprozess nur unterstützen. In der Abenddämmerung fuhr ich nach Hause, öffnete das Tor zu unserem Hof und stellte das Auto ab. Erst da fiel mir der Saft wieder ein. Ich öffnete die hintere Wagentür und griff danach. Diese kleine Bewegung reichte, um eine unerwartete Reaktion hervorzurufen. Der Deckel schoss wie bei einer Champagnerflasche heraus, und die Flüssigkeit verteilte sich überall: auf mir, auf den Sitzen und am Autohimmel. Das Getränk hatte fermentiert, vermutlich dank der hohen Temperaturen, bei denen sich das Auto in einen Ofen verwandelt hatte. Die Flasche war praktisch zum hochgefährlichen Gemüse-Molotowcocktail geworden. Die Wirkung war verheerend. Es sah aus, als hätte ein Besessener teuflischen Schleim in die Limousine gekotzt. Nachdem ich versucht hatte, mit Taschentüchern den Schaden zu beheben, ging ich erschöpft ins Haus. Ich erzählte Claudia den Vorfall, die mich selbstverständlich tadelte, dass ich den Saft nicht zur rechten Zeit getrunken hatte. Doch diesmal hatte ich Waffen, mit denen ich zurückschlagen konnte.

»Warum hat er sich in Sprengstoff verwandelt?«

»Keine Ahnung, vielleicht hat er fermentiert?«

»Das ist offensichtlich. Aber fermentiert der Saft in wenigen Stunden so stark? Du hast da doch nicht etwa irgendwelche gefährlichen Inhaltsstoffe reingemischt?

»Lass mich mal nachsehen.«

Sie ging zu ihrem Computer, während ich mich fragte, warum sie das nicht gemacht hatte, bevor sie mir den tödlichen Cocktail aufgedrängt hatte. Wir waren noch nicht verheiratet, Erbschleicherei konnte daher als Grund ausgeschlossen werden. Kurz darauf kehrte sie mit der Antwort zurück.

»Ich habe zufällig verschiedene Gemüse- und Obstsorten mit hoher Fermentierung zusammengemischt. Pfirsich, Mango, Blumenkohl und Broccoli. Die sind eigentlich sehr gesund und wirken entschlackend, haben aber diese Nebenwirkung.

»Ich würde das nicht als Nebenwirkung, sondern als Explosion bezeichnen. Ich möchte dich dringend bitten, keine Zutaten mit TNT-Wirkung mehr zu benutzen. Im Übrigen will ich nicht mehr wissen, was in den Säften drin ist.«

Im selben Atemzug Wörter wie Mango und Broccoli genannt zu bekommen, rief bei mir die heftigsten Seekrankheitssymptome hervor. In den folgenden Tagen trank ich weiter brav meinen *Slime* und nahm schön weiter ab, dann stand zum Glück eine Geschäftsreise nach Mailand an. Nur für wenige Tage, zu den Dreharbeiten eines Werbespots, doch sie reichten, um mir ein wenig Luft zu verschaffen.

Am Bahnhof Termini versprach ich Claudia hoch und heilig, mich weiterhin nur von Säften und Kräutertees zu ernähren. Doch sobald ich sie am Bahnsteig immer kleiner werden sah, rannte ich in den Speisewagen, bestellte mir ein belegtes Brötchen und verschlang es gierig. Wer jemals im Zug ein belegtes Brötchen gegessen hat, der weiß, wovon ich rede. Man muss wirklich am Verhungern sein oder den Schaffner jeden Moment ermorden wollen, um es mit der Grausamkeit eines Hannibal Lecter zu verschlingen.

Das macht man wirklich nur, wenn man kurz davor ist, zum Menschenfresser zu werden.

# Viel Glück!

Als ich von Mailand nach Hause zurückkam, unterzog mich meine Lebensgefährtin sorgfältig einem visuellen CT. Sie wollte wissen, warum ich während meines Kurzaufenthaltes in der Poebene trotz der Säfte fast zwei Kilo zugenommen hatte. Natürlich hatte ich sie angelogen. Bereits am ersten Abend hatte ich ein paar Freunde angerufen, war mit ihnen in ein bekanntes Lokal gegangen und hatte mir mit Risotto al salto und Wiener Schnitzel mit Kartoffelbrei den Bauch vollgeschlagen. Wie das Menü der folgenden Tage aussah, können Sie sich bestimmt denken. Sie müssen vielleicht nur wissen, dass an Filmsets überall Snacks herumstehen, mit denen man zwischen einer Klappe und der nächsten super die Zeit totschlagen kann. Und meistens hat man viel Zeit.

Doch jetzt war es zu spät, alles zuzugeben, was

eine äußerst ungute Kettenreaktion auslöste. Claudia war davon überzeugt, dass mein Stoffwechsel aus irgendeinem geheimnisvollen medizinischen Grund völlig verrücktspielte und ich trotz der strengen (nicht stattgefundenen) Diät zugenommen hatte. Also avancierte ich zu ihrem Lieblingspatient, mit dessen Hilfe sie offenbar den Nobelpreis für Medizin gewinnen wollte. Sie studierte meine Blutwerte und suchte darin nach versteckten Hinweisen auf eine Funktionsstörung. Probleme mit der Schilddrüse schloss sie sofort aus, weil alles seltsamerweise (zum Glück, würde ich sagen) im Normbereich war. Sobald ich wieder unter ihrer strengen Ernährungsaufsicht stand, nahm ich schlagartig nicht mehr zu, sondern wieder ab. Es dauerte nicht lange, bis bei Claudia der Groschen fiel und sie die schreckliche Wahrheit über meine vermeintliche Krankheit herausfand.

»Isst du etwa heimlich, wenn ich nicht dabei bin?«

»Nein, Liebling.«

»Schwöre.«

»Ich schwöre.«

Im XXX. Gesang des *Inferno* schickt Dante in der 10. Bulge Personenfälscher, Falschmünzer und Lügner in die Hölle. Sie bekommen zur Strafe hohes Fieber, und ihre Körper verströmen einen widerlichen Gestank nach verbranntem Fett. Ich war bereit, mich der gerechten Strafe zu unterziehen.

»Worauf schwörst du?«, fragte Claudia und war entschlossen, Licht in das Dunkel zu bringen.

Ich zögerte.

»Auf … auf … alles, was du willst.«

Sie blickte mich von oben bis unten an, wie ein Regisseur einen miserablen Schauspieler mustert. Ich war in meiner Rolle offenbar ganz und gar nicht überzeugend.

»Wie oft?«, fragte sie mich wie ein Geistlicher, der alles besser weiß.

»Ein paar Mal …«

»Wie oft?«

»Hör zu, ich habe gegessen, das gebe ich zu. Dreimal am Tag, so wie alle anderen.«

»Was hast du gegessen?«

»Ich weiß es nicht mehr. Mittelmeer-Diät. Normales Essen.«

»Du bist verrückt.«

»Weil ich esse?«

»Nein, weil du es mir nicht gesagt hast. Ich wollte dich schon ins Krankenhaus einliefern und einen kompletten Check-up machen lassen.«

»Nur weil ich ein paar Kilo zugenommen habe?«

»Du hast ja keine Ahnung, wie sehr ich in Sorge war.«

»Wenn man krank ist, nimmt man in der Regel ab, und zwar selbst wenn man isst. Nicht umgekehrt.«

»Mir ist das ja auch absurd vorgekommen. Und sehr schlimm.«

Ich versuchte die Lage zu entschärfen.

»Siehst du? Alles geklärt. Es geht mir gut.«

»Ein feuchter Dreck ist geklärt!« Wenn Claudia ausfallend wird, was sehr selten vorkommt, ungefähr so selten wie ein schönes Lied von One Direction, dann bedeutet das, die Lage ist am Kippen. »Ab heute beginnen wir eine richtige Diät!«

»Warum? Was war denn das, was wir bisher gemacht haben? Ein Witz?«

»Du hast doch keine Ahnung, was eine richtige Diät ist.«

»Ich trinke zweimal täglich grüne Säfte! Was gibt es denn bitte Schlimmeres?«

Solche Fragen sollte man niemals stellen.

»Fasten.«

Ich schwieg ein paar Sekunden erschüttert.

»Was soll das heißen, fasten?«

»Das soll heißen, dass du nur noch Zitronenwasser trinken darfst. Es ist unglaublich effektiv. Während einer einzigen Fastenwoche kann man sein Gewicht um sechs Kilo und mehr reduzieren. Außerdem lösen sich dabei die Fettdepots in deinem Organismus auf. Die Haut wird strahlender, und die Darmflora regeneriert sich.«

»Ach nee?«

»War das etwa ironisch gemeint? Mir ist es ernst.«

»Das bezweifle ich nicht.«

Ich wusste genau, dass sie nicht scherzte.

Hand hoch, wer von Ihnen schon einmal eine Woche lang gefastet hat. Hier geht es nicht um eine Traubendiät oder ähnlich dummes Zeug. Ich rede hier vom strengen Fasten: ausgesetzt in der Wüste, ohne etwas zu essen, dafür aber mit Zitronenwasser bis zum Abwinken. Das heißt, ich durfte nach Belieben frisches Zitronenwasser trinken, jedoch nichts essen.

Eine Woche vergeht wie im Flug, wenn man sie mit Freunden am Meer verbringt, aber wenn man in Rom bleiben muss und noch dazu an der extrakurzen Leine gehalten wird, kommt sie einem länger vor als eine Wanderung entlang der kompletten Chinesischen Mauer. Claudia hatte mich genau im Blick, doch das Schlimmste war, dass sie nicht mit mir fastete, sondern ihre üblichen Keimlinge verzehrte. Ich hätte mir für eine Portion Quinoa oder einen grünen Salat – Gerichte, die ich normalerweise verschmähe, um nicht zu sagen ekelerregend finde – glatt einen Arm ausgerissen.

Die Krise ließ nicht lange auf sich warten, sie bahnte sich bereits am dritten Tag an. Ich stand auf der Terrasse und entdeckte hinter dem Fenster im gegenüberliegenden Gebäude einen Kerl im Unterhemd, der gerade ein Brötchen verspeiste. Am liebsten hätte ich einen Satz gemacht und es ihm aus der Hand gerissen. Leider betrug die Entfernung zwischen den Gebäuden mindestens zwanzig Meter. Ich wäre also auf dem Gehsteig zerschellt, wenn ich meinem gierigen Instinkt gefolgt wäre. Kurz vor dem Sprung brach ich die Aktion ab.

Sie müssen wissen, dass Fasten unter anderem eine fast drogenartige Wirkung haben kann. Halluzinationen, Größenwahn, unerschöpfliche Energie.

Ab dem Moment auf der Terrasse ging es jedenfalls bergab. Ich fing an, mich der Sache zu rühmen und mit wenig Erfolg um Gleichgesinnte zu werben. Tatsächlich war das eine verrückte Reaktion, denn wie jemand mit Stockholm-Syndrom, der sich in den Gefängniswärter verliebt, gewöhnte ich mich an das Leid.

Nach einer Woche war der Kreuzweg vorbei, weil es danach zu einer ganzen Reihe unangenehmer Gegenanzeigen für den Organismus kommen kann. Immerhin hatte ich fünf Kilo verloren, das war ein hervorragendes Ergebnis. Claudia triumphierte. Ich hatte ihre rosigsten Erwartungen übertroffen. Ich war ein Musterschüler.

Bis heute kann ich Ihnen nicht erklären, warum ich ihr bei diesem Wahnsinn gefolgt bin. Vielleicht war es meine Leidenschaft für Herausforderungen und das Neue. Vielleicht habe ich es aber auch nur gemacht, weil ich keine andere Wahl hatte.

# Ökoferien

Es gibt zwei Arten von Frauen: diejenigen, die sich an ihrem Geburtstag über jede Überraschung freuen, und diejenigen, die ihre Geburtstage schon bis zum Jahre 2030 verplant haben.

Claudia ist eine Ausnahme. An ihrem letzten Geburtstag hat sie sich von mir ausdrücklich eine Reise gewünscht. Jetzt denken Sie nur nicht an tropische Ziele oder teure Wochenenden in den Shopping-Metropolen dieser Welt. Sie wollte an einen Ort in der Toskana, der nicht einmal drei Autostunden von Rom entfernt ist und den freakigen Namen »Bauernhof des Friedens« trägt. Eine Gruppe Freiwilliger hat diesen Gutshof in der Nähe des Meeres aufgebaut, auf dem vor dem Schlachthof gerettete Tiere Zuflucht finden. Pferde, Schweine, Kühe, Hühner und Ziegen leben alle zusammen auf demselben Grundstück, ohne Käfige und Zäune. Nur ein Zaun trennt sie von eben der Außenwelt, die sie in Schnitzel, Pinsel oder Tortellini in brodo verwandeln wollte und vor der man sie gerettet hat. Ein Ort außerhalb von Raum und Zeit. Ein seltsamer Zoo im Freien, in dem es keinerlei Barrieren zwischen Mensch und Tier gibt. Zu den Besuchern zählen vor allem Familien mit Kindern, die durch den Park geleitet und in die Liebe für andere Lebewesen eingeführt werden sollen.

Die einzigen Erwachsenen ohne Kinder waren wir zwei mit Lana, der Hündin, die vor allem die Pferde anbellte. Ich muss zugeben, dass ich mich noch nie für jedes gierig verzehrte Chicken McNugget, für jeden Braten, in den ich die Zähne geschlagen habe, ja sogar für jedes gierig verschlungene Kartoffelomelette so schuldig gefühlt habe. Nichts ist besser, um keine Tiere mehr zu verzehren, als sie kennen zu lernen. Es ist schon sonderbar, wie sehr die Vertrautheit mit bestimmten Tieren uns daran hindert, sie zu verspeisen, während ein bisschen Distanz sie uns gleich viel appetitlicher erscheinen lässt. Niemand würde seinen Hamster oder seinen Labrador essen. Trotzdem stehen bei manchen Völkern Nagetiere oder Hunde regelmäßig auf dem Speiseplan. Genau das ist die Strategie der freiwilligen Helfer auf dem Bauernhof des Friedens. Zu jedem Tier, dem man auf der Runde begegnet, erfährt man eine Geschichte. Eine tragische Geschichte mit Happy End. Wie bei allen schönen Märchen.

Und so lernten wir Rudi Ross kennen, ein reinrassiges Vollblutpferd, das beim ersten internationalen Rennen, bei dem es als Favorit galt, anfing zu lahmen. Marcello, den depressiven Hahn, der nicht mehr krähte, seit er seine Gefährtin verloren hatte. Die superschlaue Kuh Papillon, die mehrfach in dem verzweifelten Wunsch nach Freiheit von ihrer Weide ausgebrochen war (die Leser meiner Generation werden die ironische Andeutung in ihrem Namen verstehen, alle anderen können Google fragen). Enea, ein riesengroßes Schwein, das sich auf den Rücken legte, um sich am Bauch kraulen zu lassen und grunzte, sobald man damit aufhörte. Mit ihm endete unser Rundgang. Über den Schlammboden gebeugt standen wir da und kraulten das Jurassic Pig, das uns dankbar anstarrte.

Am Ende waren wir zwar von oben bis unten verdreckt, aber keine ganz so schlechten Menschen mehr. Ab dem Tag konnte ich mich dem Lieblingsgericht meiner Kindheit nicht mehr nähern: Saltimbocca àlla romana. Ein sonderbares und – verzeihen Sie mir die Schwäche – äußerst wohlschmeckendes Fleischgericht aus Kalbfleisch mit Salbei und einer Scheibe rohem Schinken. Praktisch Papillon und Enea zusammen mit Frischkäse und Butter in der Pfanne gebraten. Es ist schon merkwürdig, wie sehr mir dieser Akt, bei dem ich meine Oma unzählige Male beobachtet hatte, auf einmal wie Kannibalismus vorkam.

Schweigend stiegen wir ins Auto und machten uns auf den Rückweg. Das Schlimmste war die Pause an einer Raststätte. Der vorgeschriebene Weg durch das Innere der Raststätte zu den Toiletten, an gestapelten Käse- und Wurstwaren vorbei, bekam an dem Tag eine ganz neue, makabre Bedeutung. Als wir spätabends zurückkehrten, waren wir von Schuldgefühlen wie benebelt. Besonders Claudia, die mir von ihrer Zeit als Allesesserin erzählte, auf die eine kurze Phase als Buddhistin und Vegetarierin folgte, bevor sie zur Veganerin geworden war. Sie nannte es ihre »dunkle Zeit«. Mir wurde klar, dass wir eine unglaubliche Zeit der Sühne durchlebten. Einen kulinarischen Zyklus, den ich inzwischen mit einer gewissen Ungezwungenheit ertrug. Wir beendeten den Tag mit einer innigen Umarmung und versprachen uns, dass wir uns nie wieder einer Metzgerei nähern würden.

Am folgenden Morgen wachte Claudia gut gelaunt und mit einer seltsamen Idee auf. Es ging um ihr nächstes Geburtstagsgeschenk.

»Ich möchte wieder eine Reise machen, aber diesmal ein bisschen weiter weg.«

»Wohin denn?«

»Nach Bengalen.«

Bengalen – ein Wort, das in meiner kindlichen Psyche begraben liegt. Das Land von Sandokan, dem Tiger von Mompracem, Yanez de Gomera, Lord Brooke, Tremal-Naik und vor allem Marianna, der Perle von Labuan, meiner ersten Liebe. Ihr Tod in den Armen von Kabir Bedi im Serienfinale der ersten *Sandokan*-Staffel war damals so traumatisch für mich, dass ich es bis heute nicht verarbeitet habe.

Bengalen... Warum sollte man auch in Sharm el Sheikh oder auf den Malediven Urlaub machen, wenn man nach Bengalen fahren konnte? Ein wahnsinniger Ort, jenseits der klassischen Touristenziele.

Innerhalb einer Nanosekunde war ich einverstanden und bereit, viel Geld für ein teures Feriendorf oder einen Backpacker-Urlaub auszugeben. Wenn ich meinen Altersgenossen erzählte, ich wolle in den Urlaub nach Bengalen fahren, hätten sie mich zum lebendigen Mythos erklärt.

»Hast du dir schon eine Stadt oder eine Gegend überlegt, die du gerne auskundschaften möchtest? Wir können uns im Internet ein wenig informieren, damit wir uns besser auskennen.«

»Schon erledigt! Ich will in einen Naturpark, wo verwaiste Affen aufgezogen werden.«

»Na klar, wir machen eine schöne Reise.«

»Nein, nein, ich will genau da hin und vierzehn

Tage als Freiwillige dort arbeiten. Besser noch, wir beide als Freiwillige.«

Autsch!

»Und was genau machen die Freiwilligen da?«

»Sie verkleiden sich als Affenmamas, damit die Jungen sich nicht so einsam fühlen.«

Mechanisch wiederhole ich ihren Satz:

»Sie verkleiden sich als Affenmamas, damit die Jungen sich nicht so einsam fühlen. Klar.«

»Ich habe denen schon eine Mail geschrieben und für jeden von uns ein Anmeldeformular ausgefüllt.«

»Großartig.«

»Wir wohnen in den Baracken der Ranger.«

»In den Baracken der Ranger, perfekt.«

Nicht einmal bei den Pfadfindern ging es so abenteuerlich zu. Zur Sicherheit fragte ich lieber noch einmal ganz genau nach.

»Das heißt, wir fahren da hin und werden in Baracken untergebracht?«

»Im Dschungel, ganz genau.«

»In Dschungelbaracken, gut, und wir bekommen Schimpansenkostüme?«

»Orang-Utan-Kostüme.«

»Orang-Utan-Kostüme?«

»Wir schmusen mit den Jungtieren.«

»Klar.«

»Und geben ihnen die Flasche.«

»Und geben ihnen die Flasche, Donnerwetter.«

»Sie sind Waisen und haben ihre Mamas verloren, weil sie von Wilderern erschossen wurden.«

»Gibt es heutzutage noch Wilderer?«

Hätte ich das doch bloß nie gefragt! Ich musste daraufhin einen Vortrag über Wilderei in Südostasien über mich ergehen lassen.

»Die Wilderer holzen in dieser Gegend in Indien alles ab, um Palmöl zu gewinnen und es zu verkaufen. Daraus werden dann die Kekse hergestellt, die du so lecker findest. Die Orang-Utans haben keinen natürlichen Lebensraum mehr und sterben aus. Sagen wir mal so, ihr langsames Aussterben ist ein Kollateralschaden der Rodungen.«

Ich würde nie wieder einen Keks in Milch tunken, so viel war klar.

Am Ende ließ ich mich auf diese Abenteuerreise ein, im Gegenzug musste Claudia mir versprechen, keine Fotos oder Filme in Umlauf zu bringen, auf denen ich als Affe verkleidet in den Regenwäldern herumstreiche. Würde ist ein kostbares Gut.

# Lachen ist die beste Medizin

Apropos Reisen, vor einem Jahr beschlossen wir, mit ein paar Freunden gemeinsam in den Urlaub zu fahren. Das ist übrigens der beste Weg, um zu Feinden zu werden. Wir fackelten nicht lange und fingen schon vor der Abreise an, uns zu streiten. Irgendwann beraumten wir ein Treffen an, um demokratisch darüber abzustimmen, wo es hingehen sollte. Es hagelte nur so originelle Vorschläge: ins exotische Feuerland, auf die unberührten Osterinseln oder nach Island, um das Nordlicht zu bewundern. Gar nicht so leicht, alle Bedürfnisse unter einen Hut zu bringen. Der eine wollte in ein Feriendorf mit Tennisplätzen, der andere ans Meer, wieder andere wollten die Sehenswürdigkeiten in der Umgebung erkunden, einige wollten unbedingt auf die Südhalbkugel, für wieder andere sollten acht Stunden Flugzeit nicht überschritten werden. Ein nicht bewältigbares Puzzle, für das wir auch nach mehreren Stunden noch keine Lösung gefunden hatten. Am Ende einigten wir uns auf ein klassisches Reiseziel: Thailand. Doch damit war es nicht getan. Schließlich mussten wir noch einen Ort und eine Unterkunft finden.

»Ich war einmal in einer Ferienanlage in Phuket, da ist es unglaublich schön!«

»Meine Cousine ist gerade aus Khao Lak zurück, da gibt es ein tolles Hotel am Strand.«

»Ich habe gesehen, dass man auf der Insel Koh Phi Phi Wasserbungalows auf Stelzen mieten kann, da wurde auch James Bond gedreht. Wenn wir die Last Minute buchen, sind die sicher gar nicht so teuer ...«

Claudia beobachtete uns eine halbe Stunde lang, dann ließ sie die Bombe platzen.

»Mir ist egal, wo wir hinfahren, solange es eine gute Küche gibt.«

»Klar, da gibt es sogar eine wunderbare Küche«, antwortete einer unserer Freunde naiv und blätterte in einem Katalog. »Zu dieser Ferienanlage hier gehören zum Beispiel fünf renommierte Restaurants!«

Claudia brachte ihn mit einem Blick zum Schweigen. Ich wusste längst, worauf sie hinauswollte.

»Ich meine unsere eigene Küche.«

Ganz genau.

Die Gesichter meiner Freunde verrieten eindeutig, was sie allesamt in diesem Moment dachten: Hä? Sie verstanden nicht. Ich schaltete mich ein, um es ihnen zu erklären:

»Claudia würde am liebsten eine eigene Villa mieten, damit sie in Ruhe ihre Körner und Knollengewächse zubereiten kann.«

Niemand hatte ernsthaft in Erwägung gezogen, ein Haus zu mieten. Sofort hatten alle die schmutzigen Geschirrberge aus Jugendzeiten vor Augen, als wir noch mit dem Wohnwagen zum Campen unterwegs waren. Allgemeine Skepsis machte sich breit. Unsere Freunde wollten viel lieber von eifrigen Arbeitern umsorgt, bedient und hofiert werden.

Doch die Demokratie hatte keine Chance, und meine bessere Hälfte gewann den Kampf. Wir fanden eine herrliche Villa am Meer mit sechs Schlafzimmern, in der wir alle bequem Platz hatten und zudem bares Geld sparten. Claudia ließ mich in dem Glauben, dass wir uns am Ende sogar noch amüsieren würden.

Das stimmte natürlich nicht.

Bis zu unserer Abreise waren es noch vier Wochen, gerade einmal genug Zeit für Claudia, um die Koffer zu packen und mir überlebenswichtige Fragen zu stellen.

»Sollen wir den Vitamix mitnehmen?«

Unser fantastischer Supermixer – Sie kennen ihn bereits – lässt sich aufgrund seines Gewichtes, das dem eines Ambosses gleicht, nicht einfach so transportieren. Ich wusste, dass das eine Fangfrage war, hatte aber inzwischen gelernt, woran man solche Fragen erkennt, und beantwortete sie daher auf die einzig mögliche Weise: Spiegeleffekt.

»Wie du willst, Liebling.«

Das war ein tadelloser, liebenswürdiger Satz. Unangreifbar. Dachte ich zumindest.

»So bist du mir keine Hilfe. Ich frage dich, weil ich Zweifel habe«, antwortete sie gereizt.

Auf Fangfragen gibt es keine richtigen Antworten. Ich hätte besser einen Infarkt vortäuschen oder das Problem umschiffen sollen.

»Was haben die wohl für einen Mixer in der Villa, die wir gemietet haben?«

In der Beschreibung stand nur was von einer voll ausgestatteten Küche.

»Ich muss wissen, wie sie ausgestattet ist. Ganz genau.«

Ich wusste, dass wir ohne Details nicht zu Rande kämen, also schrieb ich den Betreiber der Webseite an, entschuldigte mich für die Pingeligkeit und erhielt innerhalb weniger Tage eine Antwort.

Uns standen ein Kühlschrank, eine Mikrowelle (meine haben wir damals ja zu einem Bücherregal umfunktioniert, Sie erinnern sich), ein Toaster und ein Mixer von leider schlechter Qualität zur Verfügung. Also wanderte der unentbehrliche Vitamix triumphierend in meinen Koffer, der schon seit langem bloß noch als Erweiterung von Claudias Gepäck diente. Ich wusste, dass ich bereits auf dem Hinflug für das Übergepäck würde bezahlen müssen. Doch das war gar nichts im Vergleich zu dem, was Claudia mich als Nächstes fragte.

»Meinst du, es gibt dort Reis?«

»Reis? In Thailand?«

Das war, als würde man in Neapel nach Pizza fragen.

»Ich meine Vollkorn-Basmatireis.«

»Keine Ahnung, bestimmt. Wir können uns ja vor Ort nach einem Supermarkt erkundigen, dann kaufe ich gleich eine ganze Familienpackung.«

»Warum serviert dann der Thailänder, zu dem wir immer gehen, seine Gerichte mit weißem Reis?«

Darauf hatte ich keine akzeptable Antwort parat.

»Weil sie sich hier vielleicht nach unserem Geschmack richten?«

»Würdest du bitte bei der italienischen Botschaft in Bangkok anrufen und fragen, wo man dort Vollkornreis kaufen kann?«

Das war selbst für ein ausgewiesenes Opfer wie mich zu viel.

»Nein, Liebling, ich rufe deswegen nicht bei der Botschaft an.«

»Mach doch, was du willst, dann nehmen wir den Reis eben von zu Hause mit.«

Genau das hatte ich befürchtet.

Ich entschied mich für die kleinste Menge, doch auf die Zahl der Ferientage und Personen umgerechnet, waren das immer noch zehn Kilogramm. Zehn Backsteine aus Vollkorn-Basmatireis, die natürlich in meinem Samsonite-Koffer unterkommen sollten.

»Aber wir kochen doch nicht jeden Tag, vielleicht gehen wir ab und zu abends auch was essen«, schlug ich vor, war mir aber der geringen Aussichten auf Erfolg bewusst.

»Machst du Witze? Wo denn? Und woher sollen wir wissen, ob sie auch wirklich nur Bioprodukte verwenden?«

»Indem wir sie fragen. Wir gehen nur in erstklassige Lokale.«

»Da kann man aber auch nie ganz sicher sein. Ich koche lieber selbst.«

Ich streckte die Waffen und ergab mich dem Gewicht eines ganzen Reisfeldes in meinem Koffer.

Am Abreisetag stiegen wir, bepackt wie bei einem Umzug, mit unseren Habseligkeiten ins Taxi und trafen uns mit unseren Freunden am Flughafen Fiumicino, wo ich fröhlich zum Check-in ging und für das Übergepäck bezahlte. Der Flug verlief ruhig und wurde nur ein paar Mal von ein paar Turbulenzen aufgelockert, die ich besonders genoss, die für Claudia aber die Hölle bedeuteten.

Ein Problem hatten wir erst, als wir in Thailand am Zoll vorbeimussten.

Wenn Sie ein italienischer Sicherheitsbeamter wären, der einen ausländischen Touristen bei der Einreise mit einem Koffer voller Spaghetti oder Makkaroni abfängt, dann würden Sie doch auch Verdacht schöpfen, oder? Sie würden denken: Was versteckt der Kerl in den Nudelpackungen? Es gibt keinen logischen Grund, weshalb man zehn Kilo Nudeln nach Italien importieren sollte.

Genau das Gleiche dachten auch die fleißigen Zollbeamten in Bangkok. Ich gebe hier wortgetreu den Dialog wieder, wie er mir von den Thailändern übersetzt wurde:

»Kollege, da ist ein gewisser Fausto Brizzi, ein italienischer Tourist mit zehn Kilo Basmatireis im Koffer.«

»Bist du auch sicher, dass es Reis ist? Das ist doch absurd.«

»Genau das habe ich auch gedacht. Ich habe schon die Drogenfahndung verständigt. Außerdem gefällt mir das Gesicht des Kerls ganz und gar nicht. Meiner Meinung nach hat er einen falschen Pass und gehört zum Kartell der Medellín.«

»Reist er alleine?«

»Nein, mit ein paar Freunden. Vermutlich ist das seine Gang.«

»Nimm sie vorläufig fest. Alle.«

»Hab ich schon.«

Und so saß ich in einem Zimmerchen am Flughafen und wurde von zwei Beamten der örtlichen Polizei verhört.

Nun müssen Sie wissen, dass ich schon immer ein zwiespältiges Verhältnis zur englischen Sprache hatte. Sie können sich also vorstellen, was es für mich bedeutete, zwei thailändischen Beamten und nicht meiner muttersprachlichen Lehrerin am British Institute zu antworten. Zwei Beamten, die noch dazu davon überzeugt waren, einen internationalen Kriminellen vor sich zu haben. Ich verstand fast nichts von dem, was sie sagten, und sie verstanden mich nicht. Es war wie eine Szene aus einer Komödie, die beiden Kollegen zankten sich immer wieder untereinander, und die ganze Atmosphäre war unheimlich. Ich malte mir aus, wie mich die italienischen Behörden nach monatelangen erfolglosen Verhandlungen im Stich ließen und man mich in ein feuchtes unterirdisches Verlies sperrte.

Eines jedoch verstand ich klar und deutlich: Auf Drogenhandel steht in Thailand die Todesstrafe. Man entkommt ihr nur und kann sie in ein Lebenslänglich umwandeln, wenn man sich schuldig bekennt. Versucht man hingegen seine Unschuld vorzutäuschen, wird das als erschwerender Umstand gewertet, besonders wenn die Beweise gegen einen sprechen.

152

Ich war nicht gerade entspannt. Zwar hatte ich in meinem Koffer tatsächlich nur Basmatireis, aber ich hatte schon zu viele Filme zum Thema gesehen und wusste, dass man manchmal auch wegen eines dummen Zufalls festgehalten werden kann. In der Zwischenzeit hatte ich keine Nachricht von Claudia oder unseren Freunden, die bestimmt in anderen Büros festgehalten wurden.

Verzweifelt versuchte ich, alles Mögliche zu meiner Verteidigung vorzutragen. Ich flehte die Beamten sogar an, meinen Namen im Internet zu suchen, damit sie merkten, dass ich in Italien ein recht bekannter Regisseur bin. Doch sie hielten sich genau ans Protokoll: Sie brauchten ein Geständnis von mir. Als ich kurz davor stand, die Geduld zu verlieren und einen furchtbaren Fehler zu machen, betrat ein dritter Beamter den Raum, der die beiden anderen gehörig anpfiff und sich dann bei mir entschuldigte. Kurz darauf fand ich heraus, dass meine Freunde bei der Botschaft angerufen und man in der Zwischenzeit festgestellt hatte, dass der Inhalt meines Koffers nicht weiter gefährlich war. Ich war gerettet.

Das Problem war jetzt nur, dass der Reis offen und nicht mehr zu gebrauchen war. Also tigerte ich am Nachmittag durch die örtlichen Supermärkte, auf der Suche nach dem kostbaren Getreide. Wie sich herausstellte, gab es Reis en masse und in allen möglichen Farben – was ich nie bezweifelt hatte. Ich wählte verschiedene Packungen in allen Regenbogenfarben aus und kehrte siegreich zu unserer Villa zurück.

An dem Abend aßen wir dann direkt am Meer einen viel zu bissfesten Risotto mit Zucchini, der noch dazu fad schmeckte. Doch im Vergleich zu der Brühe, die man mir im Gefängnis serviert hätte, kam es mir wie ein Geschenk des Himmels vor.

# Die Krise

Ich habe immer gewusst, dass die Leidenschaft meiner Frau für gesundes Leben und korrekte Ernährung ab dem Tag extreme Ausmaße annehmen würde, an dem sie ihr Diplom in Naturheilkunde in Händen halten würde, auf das sie sich so gefreut hatte. Dieser Kurs kommt weltweit einem Hochschulabschluss gleich, nur in Italien schließt man ihn mit einer simplen Urkunde ab.

Naturheilkunde ist eine Wissenschaft, bei der man lernt, welche Eigenschaften von Lebensmitteln und Pflanzen dabei helfen können, die Lebensqualität zu verbessern. Sie wird oft mit alternativen Heilmethoden wie etwa der Homöopathie verwechselt, die ich für eine geniale Marketingerfindung halte. Dabei wird ein Produkt ohne jeglichen therapeutischen Nutzen verkauft, das auf einem reinen Placeboeffekt basiert. Naturheilkunde hat damit nichts zu tun. Wir

wissen alle, dass bestimmte Pflanzen Wirkstoffe enthalten und dass es gesund ist, öfter mal an die frische
Luft zu gehen. Das Rätsel ist eher, warum die meisten Menschen, so wie ich, sich weigern, diese simplen Grundregeln zu befolgen. Im Grunde haben doch
unsere Mütter schon gesagt: »Iss Gemüse, das ist gesund!« Auch wenn sie uns dann ein paniertes Schnitzel neben die Zucchini auf den Teller gelegt haben…

Wie dem auch sei, mit dem Diplom in der Tasche
wurde Claudia noch militanter. Ich durfte mir nun gar
keine Fehler mehr erlauben. Schließlich ging es um
ihren guten Ruf. Konnte eine Heilpraktikerin sich
einen übergewichtigen Mann leisten, dessen Blutwerte verrücktspielten? Natürlich nicht! Also musste
ich mich einem noch strengeren Regime unterziehen.

Positiv daran war lediglich, dass sie mich zwang,
mehr Sport zu treiben. Die meisten Ehefrauen er-
tragen es nur schwer, wenn ihre Männer Hallen-
fußball oder Tennis spielen. In meinem Fall schrieb
Claudia mich eigenhändig bei den Kursen und zu
den Turnieren ein, damit ich in Form blieb. Zu
Hause zwang sie mich, Yoga zu machen. Bisher
hatte ich mich immer dreist davor zu drücken versucht, bis ich herausfand, dass es sich keinesfalls
um verträumte Zen-Übungen handelte, sondern um
anstrengendes Stretching. Kurz gesagt, ich unterzog mich einem athletischen Programm, als würde

ich demnächst an den Olympischen Spielen teilnehmen. Aber es ging mir besser, viel besser sogar.

Für meine Freunde wurde ich allerdings zur Witzfigur (was nach der Veröffentlichung dieses Buches sicher noch schlimmer wird). Sie foppten mich und versuchten ständig, mich in Versuchung zu führen. Meine Performance als Teilzeitveganer erwies sich in der Praxis aber auch als ziemlich zweifelhaft. Es war, als ob ich ein leidenschaftlicher Fan des AS Rom wäre, aber einmal im Monat Lazio anfeuern würde, oder als ob ich als Priester die ganze Woche keusch lebte und es nur mittwochs krachen lassen würde. Ich allein wusste, dass mein Weg unerbittlich in eine Richtung führte, nur konnte ich mich der Verwandlung nicht auf einen Schlag unterziehen.

Wenn Claudia nicht da war, schlug ich allerhöchstens noch mit Milchprodukten über die Stränge. Fleisch stand inzwischen gar nicht mehr auf meinem Speiseplan. Ich beschränkte mich auf Fisch, sofern es welchen gab, und mied ohne größere Probleme rotes und weißes Fleisch. Ich konnte sogar in eine Rosticceria gehen und mir eine Pizza bestellen, ohne gierig nach den Brathähnchen zu schielen. Claudia schien den Kampf zu gewinnen. Doch dann verbrachte ich eine Zeit lang in Florenz, um einen Roman zu schreiben, und es kam zu den ersten Ausfällen.

Eine Portion Tortellini mit Sahnesauce brachten

mich an einem schwülen Maiabend schließlich zu Fall. Wie ein Velociraptor schaufelte ich innerhalb von dreißig Sekunden ein halbes Kilo davon in mich hinein. Kurz darauf folgten ein Grillgelage auf der Terrasse und gehaltvolle Spaghetti Carbonara. Damit war der Damm gebrochen und ich war wieder zum Allesesser von einst geworden.

Claudia erfuhr ziemlich schnell davon, da ein Freund leichtsinnig alles gefilmt hatte, und es kam zu einem Riesenstreit. Die Auseinandersetzung geriet aus den Fugen und sprengte schon bald den kulinarischen und gesundheitlichen Rahmen. Kurz gesagt, wir trennten uns. Das heißt, ich behauptete, ich hätte sie verlassen, während sie allen erzählte, dass sie mich verlassen habe. Nicht einmal darüber herrschte Einigkeit zwischen uns.

Der erste Tag in Freiheit ist mir unvergesslich. Ich kochte und aß ohne Pause und reaktivierte jede Geschmackspapille, die ich in Rente geschickt hatte. In wenigen Stunden schlang ich mindestens sechstausend Kilokalorien herunter. Am folgenden Tag normalisierte sich die Lage wieder, und ich kehrte zu meinem alltäglichen Leben zurück. Doch Claudia fehlte mir.

Wir hielten es keine drei Tage getrennt voneinander aus. Schließlich rief ich sie an.

»Willst du dich bei mir entschuldigen?«, fragte sie gleich.

»Wofür?«

»Dass du mich so schlecht behandelt hast, obwohl ich mich so sehr um deine Gesundheit sorge.«

»Ja, ich weiß, aber manchmal übertreibst du es.«

»Was hast du in den letzten Tagen gegessen?«, fragte sie knapp.

»So gut wie nichts, ich wäre fast verhungert.«

»Lügner.«

»Ich gebe zu, ich habe eine Metzgerei ausgeraubt.«

»Ehrlich?«

»Nein, das war ein Witz. Ich habe mich gesund ernährt.«

»Sehr gut, Liebling.«

»Hast du gerade Liebling gesagt?«

Damit war die Krise überstanden, und ich nutzte die Gelegenheit, um bessere Haftbedingungen auszuhandeln. Sie gestand mir einen Tag im Monat zu, an dem ich essen durfte, was ich wollte. Damit nahmen wir unseren Alltag wieder auf. Im Grunde wusste ich ja, dass ihre manische Aufmerksamkeit für meine Gesundheit ein Akt der Liebe war.

Unsere kurze Auszeit hatte mir jedoch eine neue Gewissheit geschenkt: Ich liebte Claudia über alles und wollte mich nicht mehr von ihr trennen. Und so fing ich an, über ein Wort nachzudenken, das mit »Hoch« beginnt und auf »zeit« endet. Das gefährlichste Wort, das es gibt.

# Vegane Hochzeit

Als ich bei Claudias Vater Dino um die Hand seiner Tochter anhielt, konnte er seine Erleichterung kaum verbergen. Er gab uns derart überschwänglich sein Einverständnis und seinen Segen, dass es mir fast schon verdächtig vorkam. Auch Claudias Mutter Nicoletta freute sich sehr, mich in die Familie aufnehmen zu dürfen, vor allem aber darüber, endlich einen Verbündeten zu haben. Beide waren sie lange Zeit Claudias Opfer und Versuchskaninchen gewesen und konnten es offenbar kaum erwarten, von dieser Last befreit zu werden.

An dem Abend weinte Claudia vor Glück, als sie den Ring sah, und ich stürzte mich in das seltsamste Abenteuer meines Lebens: die Organisation einer veganen Biohochzeit. Ich wusste, dass ich das niemals alleine schaffen würde, darum bat ich Wedding-Planerin Anna um Unterstützung. Sie sollte zur

Schnittstelle zwischen Claudias fantasievollen Ideen und der realen Welt werden.

Beim ersten Treffen zu dritt stellte sich sofort heraus, dass gewöhnliche Hochzeiten weder vegan noch bio sind. Wir wollten auf Hochzeitskonfekt, Torte (Torten ohne Milch, Butter und Eier akzeptiert mein Gaumen nicht), Wegwerfgeschirr und Besteck, sofern nicht biologisch abbaubar, völlig verzichten, ebenso auf die meisten klassischen Menüs, auf Einladungen aus Papier, auf Wachskerzen und tausenderlei andere Dinge. Die Feier sollte am Strand von Sabaudia stattfinden, wo Pietro und Camilla wohnten, zwei enge Freunde von uns. Die Zeremonie bei Sonnenuntergang, danach das Abendessen am Strand. Es schien eine einfache und zugleich freakige Lösung zu sein, trotzdem gab es ein paar Fallen, deren Beachtung nicht ganz unwichtig war. Wie organisiert man das Catering direkt am Wasser? Wie legt man Stromkabel an einen verlassenen Strand, der fernab der Straße liegt? Erst recht, wenn man auf Ökostrom besteht?

Wir gingen alle Optionen gründlich durch und überlegten sogar, an der Küstenstraße ein paar Windräder aufzustellen. Am Ende musste Claudia hinnehmen, dass wir in einiger Entfernung von den Gästen und dem nächsten Wohngebiet einen Dieselgenerator am Strand aufstellten. Doch ansonsten gab sie keinen Millimeter nach.

Die Hochzeit sollte wie erwähnt komplett bio und umweltfreundlich sein. Jedenfalls war das unsere Absicht. Den Gästen teilten wir mit, dass sie ihre Autos ein ganzes Stück entfernt auf einem geeigneten Parkplatz abstellen und Schuhe und Handys dort zurücklassen sollten. Das W-LAN der Villa wurde ausgeschaltet (raten Sie mal, von wem?), und am Strand gab es nirgendwo Handyempfang. Für die Rund-um-die-Uhr-online-Generation bedeutete das sechs bis sieben Stunden in der Offline-Hölle.

Die finalen Vorbereitungen für die Feierlichkeiten zogen sich über zwei Tage hin. Es war ein magischer Moment, als plötzlich eine Sturmflut über uns hereinbrach und wir gezwungen waren, den Strand wieder »urbar« zu machen, ihn also von all den Wrackteilen zu befreien, die die Wellen angespült hatten. Claudia legte auch in diesem Falle großen Wert auf Mülltrennung, was kein leichtes Unterfangen war. Als dann der schicksalshafte Tag kam, war sie völlig am Ende.

Die Zeremonie war herrlich unkonventionell. Ich verrate an dieser Stelle nur so viel, dass Claudia statt des üblichen »Ja, ich will« ein »Ja, miau« hauchte, ihre typische Art zu grüßen. Die Szene wurde von verschiedenen Personen auf Video festgehalten, was im Bedarfsfall sehr nützlich sein könnte, sollte die Hochzeit wegen eines »Formfehlers« annulliert werden müssen.

Danach ging es zum Bankett, falls man das so

nennen kann: ein üppiges, rein veganes Buffet, das direkt neben der Bühne aufgebaut war, auf der später das Konzert stattfinden sollte. Während des Abendessens fiel mir auf, dass es in einer dunklen Ecke des Strandes hoch herging. Was taten die Leute dort drüben? Ich beobachtete, wie sie sich traurig auf den Weg machten und lächelnd zurückkehrten. Die Sache kam mir so seltsam vor, dass ich ihr auf den Grund gehen wollte. Ich folgte einem Gast und lüftete das Geheimnis. Mauro, einer der Gäste und mein Trauzeuge, um genau zu sein, hatte heimlich an die zwanzig Kilo Büffelmozzarella von bester Qualität und duftendes hausgebackenes Brot mitgebracht. Ein antiveganer Aufstand! Eine Gruppe von Rebellen versuchte doch tatsächlich unsere Öko-Hochzeit zu untergraben!

Sobald sie mich bemerkten, wurden die Sünder bleich.

»Es ist nicht, was du denkst.«

»Sondern?«

»Das sind warme Mozzarellazöpfe. Ich habe sie gerade in einer Molkerei in Latina gekauft.«

»Aber was macht ihr da? Wenn Claudia euch entdeckt, ist hier die Hölle los.«

»Ich habe alle um äußerste Diskretion gebeten.«

»Von wegen Diskretion. Hört sofort auf damit, das Gewusel hier ist ja schlimmer als in der U-Bahn während der Rushhour.«

»Aber ein paar Gäste haben noch nichts abbekommen.«

»Warum? Wissen denn alle davon?«

»Ja, einige haben sich sogar an den Kosten beteiligt, weil sie wussten, dass Claudia für das Menü verantwortlich ist.«

Kurzum, das war eine regelrechte Verschwörung.

Ich wollte nichts davon hören und griff nach der Styroporschachtel, in der der restliche Büffelmozzarella lag. Mein Blick fiel auf die weiche, duftende weiße Oberfläche. Ich konnte nicht widerstehen, griff nach einem Mozzarellazopf und biss ab. Er war lauwarm und schmeckte köstlich.

Genau so fand Claudia mich vor: mit einem angebissenen Mozzarellazopf im Mund. Unmissverständlich schuldig. Mein Trauzeuge, dieser Feigling, schob alle Schuld auf mich.

»Ich habe ihm extra gesagt, dass das nicht sein muss. Aber er hat darauf bestanden.«

Claudia war starr vor Schreck, als hätte ich sie während der Feierlichkeiten mit ihrer Cousine betrogen. Sie starrte mich an wie jemand, der schon den Finger gezückt hat, um die Nummer eines Anwaltes zu wählen. Da nützte es auch nichts mehr, dass ich versuchte, Mauro und den anderen die Schuld in die Schuhe zu schieben. Wir standen kurz davor, ins *Guinness-Buch der Rekorde* für die kürzeste Ehe aller Zeiten aufgenommen zu werden. Ich stellte mir schon das Gelächter im Gerichtssaal vor, wenn man uns aufforderte, die Gründe für unsere rasche Trennung zu erläutern.

»Eines Tages wird auf den Verpackungen von Fleisch oder auf Kuhmilch genau wie auf Zigarettenschachteln ›Kann tödlich sein‹ stehen«, sagte Claudia und hielt eine 1-a-Gardinenpredigt. »Das heißt nicht, dass die Menschen aufhören werden, dieses Zeug zu essen, genau wie sie nicht aufgehört haben zu rauchen. Aber dann sind sie wenigstens über die schädliche Wirkung aufgeklärt.«

Ich wusste, dass uns ein längerer Vortrag über richtige Ernährung bevorstand, daher versuchte ich meiner kürzlich angetrauten Frau Einhalt zu gebieten. Zum Glück ließ sich dank der fröhlichen Atmosphäre und der vielen Freunde die drohende Krise abwenden. Den illegalen Handel mit Mozzarella tat sie als Lausbubenstreich ab, und mir verzieh sie großherzig. Der Abend klang mit einem Strandkonzert von Edoardo Vianello persönlich aus, zu dem alle Hully Gully und Twist tanzten. Eine unvergessliche Nacht.

Am folgenden Morgen wachte ich schon bei Sonnenaufgang auf, noch immer vollgepumpt mit Adrenalin, und lief an den Strand, wo ein paar Gäste übernachtet hatten. Überall waren noch die Reste der veganen Hochzeitsfeier zu sehen. In weniger als einer Stunde sollte eine Firma kommen und alles aufräumen.

In einer verlassenen Ecke entdeckte ich die Styroporkiste. Ich hob sie auf und öffnete sie. Darin lagen noch einige blütenweiße Gaben von Mama Büffel: etwa zehn prächtige Mozzarellazöpfe. Ich nahm einen in die Hand, führte ihn an die Lippen und atmete den verführerischen Duft ein. Voller Vorfreude öffnete ich meinen Schlund und bereitete mich darauf vor, in die vertraute weiche Masse zu beißen. Im letzten Moment hielt ich inne. Ich war jetzt ein verheirateter Mann. Und verheiratete Männer tun gewisse Dinge nicht. Zumindest nicht in einem derart frühen Stadium der Ehe.

# Der biologische Gemüsegarten

Nach der Hochzeit veränderte sich unser Leben nicht groß. Ich musste mich nur nach ein paar Wünschen richten, die ich für viel zu lange Zeit zu ignorieren versucht hatte. Der größte Wunsch meiner Frau war nämlich schon immer, einen superbiologischen Biogarten zu haben und sich ausschließlich von selbst angebauten Lebensmitteln zu ernähren.

Nichts leichter als das. Dazu braucht man nur ein Haus mit einem schönen Garten oder einer Terrasse und muss ein bisschen werkeln. Da meine Wohnung weder das eine noch das andere hatte, machten wir uns auf die Suche nach einer Dachgeschosswohnung mit einer Terrasse in der Größe eines Tennisplatzes. Mein Traum, sie zu kaufen, wurde jedoch sofort von den Forderungen der Immobilienmakler zunichtegemacht. So eine Wohnung gab es nur zu mieten.

»Diese Terrasse ist viel zu klein.«

»Jene Terrasse ist schlecht ausgerichtet.«

»Diese hier liegt an einer dichtbefahrenen Kreuzung: Smoggefahr.«

»Die liegt über einer Garage.«

Im Grunde suchten wir eine Dachgeschosswohnung in einer unberührten Oase des WWF mitten im Zentrum von Rom. Allen Unkenrufen zum Trotz fanden wir sie irgendwann doch noch. Da sie ein wenig heruntergekommen war, konnten wir sie uns leisten, und so unterschrieb ich gutgelaunt einen Mietvertrag und hielt mit der monatlichen Überweisung der Miete meine Aufgabe für erledigt. Wie immer irrte ich mich. Ich stand kurz davor, eine magische Welt zu betreten: tausend Ideen, wie man einen Gemüsegarten auf einer Terrasse anlegt.

Riesige Holzwannen im Vintage-Stil? Superleichte Plastikkisten? Klassische Blumenvasen für den Balkon wie bei Oma? Oder gewachste Leinensäcke, vertikal an den Wänden aufgehängt, wie es in New York gerade der letzte Schrei war? Man ist im Big Apple kein VIP, wenn man keinen Garten auf dem eigenen Dach hat. Am Ende gab es so viele Probleme, dass meine Frau sich an die Freundin einer Freundin wandte (Freundinnen von Freundinnen sind gefährlicher als Stachelfische), die einen Beruf hatte, von dem ich nicht einmal wusste,

dass es ihn gibt. Sie war Biogemüsegartenarchitek-
tin. Wir reden hier nicht von einer simplen Archi-
tektin, die entscheidet, wo man die Töpfe hinstellt
und was man darin anpflanzt. Nein, nein. Wir reden
hier von einer regelrechten Künstlerin für den häus-
lichen Obst- und Gemüseanbau.

»Wenn man diese Pflanze zusammen mit dieser
hier in einen Topf pflanzt, vertreibt das die Parasi-
ten.«

»Das sieht wie eine Zierpflanze aus, vertreibt aber
effektiv Mücken.«

»Und diese hier düngt ihre Nachbarpflanzen.«

Und so weiter.

In kürzester Zeit wurde eine große Menge biolo-
gischer, sehr reiner Erde auf unserer Terrasse abge-
laden, die aus wer weiß welchem tropischen Paradies stammte, so teuer war sie. Ich fühlte mich in
den Film *Hungry Hearts* meines Freundes Save-
rio Costanzo katapultiert, in dem Alba Rohrwacher,
eine durchgeknallte Gesundheitsfanatikerin, ein Ge-
müsebeet auf einem Dach anlegt (in New York, wo
sonst?) und dann verrückt wird, sodass sie sogar ihr
erstgeborenes Kind in Gefahr bringt.

Nach nicht einmal zwei Monaten ernteten wir
dank des grünen Daumens meiner Frau und ein
wenig Anfängerglück mehr Gemüse als ganz Liech-
tenstein. Vor allem Tomaten und Kopfsalat wuch-
sen üppig und in nicht bewältigbaren Mengen. Ich

kam der ungeheuren Apfel-, Beerenobst-, Karotten-, Auberginen- und Zucchiniproduktion kaum hinterher. Wir fingen an, Saucen und Konserven herzustellen, Marmelade einzukochen und unseren Freunden Tragetaschen mit wertvollem Bioobst zu schenken.

Das Ganze war zu einem Vollzeitjob geworden, der zwar kein Geld einbrachte, uns dafür aber unzählige Hindernisse in den Weg legte. Zum Glück war die Arbeitsteilung zwischen mir und Claudia gerecht: Ich war für die Hindernisse zuständig, sie sahnte ab. Sie war die magische vegane Erzeugerin, die mit den Besuchern einen Rundgang durch unseren herrlichen Dachgarten machte, während ich als Hilfsarbeiter für die Instandhaltung sowie die Ausgaben zuständig war.

Eines Tages rechnete ich aus, dass uns jede einzelne Erdbeere fünfzig Cent und jede Aubergine einen Euro kosteten. Juwelierspreise. Egal, Hybridfahrzeuge kosten schließlich auch mehr als andere Autos derselben Kategorie.

Aufgrund der hohen Qualität der Nahrungsmittel gab ich mich irgendwann geschlagen. Sie haben sicher schon bemerkt, dass ich sehr tolerant bin. Ich bin ein geborener Optimist, und sollte ich jemals auf einer einsamen Insel Schiffbruch erleiden, wäre mein erster Satz: »Was für ein schöner Strand!« Trotzdem brach ich an manchen Tagen fast zu-

sammen, da der Gemüsegarten immer anspruchs-
voller und bald zu einer echten Herausforderung
wurde.

Claudia wollte auch einige exotische Früchte an-
bauen, die auf unseren Breitengraden nur schwer
zu züchten sind. In erster Linie Passionsfrüchte, gefolgt von Mangos und Papayas. Natürlich brauchten die neuen Pflanzen das Dreifache an Aufmerksamkeit. Ich war mir sicher, dass wir auf ganzer
Linie scheitern würden und Claudia untröstlich sein
würde. Indes spross gegen jede Logik die erste Pas-
sionsfrucht. Dann kam eine zweite. Dann nichts
mehr. Die Ernte beschränkte sich also auf zwei
Exemplare. Die anderen Pflanzen schlugen keine
Wurzeln und zeigten sich auch sonst reichlich des-
interessiert, etwas Essbares hervorzubringen. Ich
rechnete mir aus, dass mich die beiden Passionsfrüchte (die übrigens hervorragend schmeckten)
knapp dreihundert Euro das Stück gekostet hatten.
Damit war das Gärtnern ein ausgesprochen teures
Hobby, aber immer noch günstiger, als Briefmar-
ken oder Schallplatten zu sammeln.

Die Jahreszeiten gingen ins Land, und Claudia
gewöhnte sich an den Gemüsegarten. Er war nichts
Aufregendes mehr, also brauchte sie einen neuen
Anreiz. Schließlich haben viele Leute einen Gemüsegarten, vielleicht nicht unbedingt auf der Terrasse, aber so eine außergewöhnliche Erfahrung ist

das nun auch wieder nicht. Immerhin ist Originalität für Claudia ein Wert, der noch steigt, wenn er an Sozialdienste und Tierliebe geknüpft ist. Die Lösung war ganz einfach.

»Warum eröffnen wir kein Tierheim für Hunde?«

»Wie meinst du das?«

»Wir finanzieren den Bau eines neuen Hundetierheimes. Ein ökologisch bewusstes natürlich.«

Nicht die Tatsache, dass sie »wir« sagte, beunruhigte mich, sondern die gesamte Idee.

»Du meinst ein richtiges Tierheim für Hunde, oder? Wer passt dann auf sie auf? Außerdem brauchen wir Futter …«

»Das kaufen wir.«

»Tierärzte …«

»Die stellen wir ein.«

»Ja, aber auch Angestellte … Also, das scheint mir eine recht komplexe Einrichtung zu sein.«

»Ich werde sicher Freiwillige dafür finden, so viele du willst. Ist dir denn noch nicht aufgefallen, dass streunende Hunde zu einem riesigen Problem unserer Gesellschaft geworden sind?

Nach einer kleinen Einführung in Soziologie ließ ich mich darauf ein, ein Tierheim für Hunde zu finanzieren. Ein anspruchsvolles Projekt, dem Claudia sich seit einiger Zeit widmet, das bisher allerdings noch nicht aus der Taufe gehoben werden konnte. Zum einen fehlt der richtige Ort, zum anderen fehlen die Genehmigungen und überhaupt die ganze italienische Bürokratie, das können Sie sich ja vorstellen. Aber sie wird es schaffen, da bin ich mir sicher.

# Knalleffekt

Wir hatten gerade ein Gleichgewicht in unserer Beziehung gefunden, wie zwei Seiltänzer, die auf einem Tau über dem Grand Canyon balancieren, als die langersehnte Nachricht eintraf. Claudia war schwanger. Sie teilte mir die Neuigkeit nicht etwa mit den üblichen Worten wie »Fausto, du wirst Vater« oder dem geheimnisvollen Satz »Ich glaube, du wirst bald auf dein kleines Büro verzichten müssen« mit. Nein. Ihre beunruhigenden Worte lauteten: »Wir müssen dringend einen veganen Kinderarzt finden.«

Die wunderbare Nachricht trat im Vergleich zu der lebhaften Diskussion, die sie auslöste, in den Hintergrund.

»Was soll das heißen, einen veganen Kinderarzt?«

»Das heißt, dass ich meine Tochter ganz sicher nicht zu irgendeinem Kinderarzt bringen werde, sondern zu jemandem, der unsere Lebensweise unterstützt.«

»Warum hast du gerade Tochter gesagt?«

»Weil es ein Mädchen werden wird, das weiß ich.«

»Was macht ein veganer Kinderarzt anders?«

»Er begleitet einen beim Abstillen mit geeigneten natürlichen Lebensmitteln.«

»Zum Beispiel?«

»Die ersten eineinhalb Jahre werde ich die Kleine sowieso stillen. Etwas Natürlicheres gibt es nicht.«

»Eineinhalb Jahre?«

»Das ist die gesündeste Art, ein Kind zu ernähren. Je länger man stillt, desto mehr Antikörper kann es bilden.«

»Entschuldige, aber geht dir da nicht irgendwann die Milch aus?«

»Die weibliche Brust ist doch keine Feldflasche. Solange du sie benutzt, wird auch weiter Milch produziert.«

»Ach so, das wusste ich nicht.«

»Ab dem siebten Monat fangen wir dann an, dem Kind Obst und Gemüse zu geben.«

»Das dachte ich mir. Was ist mit Gläschen? Die schmecken übrigens toll.«

»Die kannst du vergessen. Ich koche selbst.«

»Nicht einmal Kekse im Babyfläschchen?«

»Im Babyfläschchen werden wir deutlich nahrhaf-

tere Substanzen auflösen als Kekse. Natürlich Sojamilch.«

»Natürlich.«

Ich vermutete bereits, dass das Wort »Vaterschaft«
in meinem Fall keinerlei Bedeutung haben würde.

»Außerdem«, fuhr Claudia fort, »muss mich der
vegane Kinderarzt auf Schritt und Tritt begleiten.«

»Warum das denn?«

Neeeeiiiiiin! Fausto, hast du es denn immer noch
nicht kapiert? Man darf niemals nach dem Warum
fragen. Eine Viertelstunde später wusste ich alles
darüber, weshalb ein veganer Kinderarzt die ideale
Stütze ist, um einer Frau und ihrem Neugeborenen
beizustehen. Unterm Strich kann man von Wahl-
verwandtschaft reden. Claudia vertraut einem Veganer eben mehr als einem Allesfresser.

Zum Glück wechselten wir nach einer Weile zu
einem zwar leichteren, aber ebenso gefährlichen
Thema über: der Wahl des Vornamens.

»Wenn es ein Mädchen wird, würde mir Eva gefallen, Luca für einen Jungen«, schlug ich schüch-
tern vor.

»Es wird ein Mädchen, also konzentrieren wir uns
auf Mädchennamen. Eva klingt übrigens schrecklich.«

»Gut, dann würde ich vorschlagen, dass jeder von
uns ein paar Namen aufschreibt und wir dann aus-
losen ...«

Sie unterbrach mich.

»Wer trägt das Kind aus?«

»Du.«

»Also suche ich auch den Namen aus. Sie heißt entweder Nina oder Penelope.«

Das war der Beweis: Die Vaterschaft wurde mit Füßen getreten und war von keinerlei Wert. Zurückzuschlagen hatte keinen Sinn. Claudia hätte ihre Meinung am nächsten Tag sowieso wieder geändert. Ich konzentrierte mich erneut auf das Thema Veganertum.

»Wäre es denn nicht besser, der Kleinen eine vielfältigere Kost anzubieten und ihr die Entscheidung selbst zu überlassen, wenn sie groß ist?«

»Red keinen Quatsch. Ich will, dass meine Tochter gesund heranwächst, darum wird sie niemals auch nur in die Nähe von rotem Fleisch kommen. Es gibt höchstens ab und zu Fisch. Aber nur Fettfisch.«

Mir lag das »Warum?« schon auf der Zunge, doch dann hielt ich mich zurück. Fettfisch war in meinen Augen durchaus ein gutes Ergebnis.

Gleich am folgenden Tag setzten die Ängste ein. Die erste Falle hieß Toxoplasmose, im Grunde eine harmlose Krankheit, in der Schwangerschaft jedoch äußerst gefährlich. Ich fand heraus, dass Claudia in den vergangenen Jahren alles dafür getan hatte, um sie zu bekommen und immun dagegen zu werden, doch leider ohne Erfolg. Also mussten wir fortan Obst und Gemüse sterilisieren. Ich rede hier von Sterilisieren im wahrsten Sinne des Wortes. Jede Heidelbeere und jede Weinbeere wuschen wir mehrfach in warmem Wasser, weichten sie danach in Zitrone ein, spülten sie und weichten sie zu guter Letzt in Bikarbonat ein. Wir konnten in kein Restaurant gehen, es sei denn, der Koch ließ uns in die Küche und gestattete uns, die aufwändige Prozedur selbst durchzuführen.

Mir wurde klar, dass mir eine neunmonatige Haftstrafe inklusive einer ziemlich launischen und autoritären Zellengenossin bevorstand. Doch der Gedanke an Nina, Penelope oder wie um Himmels willen unsere Tochter einmal heißen sollte, ließ mein Herz vor Freude so sehr lachen, dass ich selbst chinesische Foltermethoden über mich ergehen lassen würde, nur um sie irgendwann in den Armen zu halten.

Ein paar Monate später ließ Claudia die entscheidende Ultraschalluntersuchung machen. Es war tatsächlich ein Mädchen.

# Das kommende Jahr

Die Monate verstrichen nur langsam, und die unmittelbar bevorstehende Geburt der kleinen Veganerin rief bei mir verschiedene Überlegungen hervor. War es wirklich richtig, ihr eine derart strikte Ernährung aufzuerlegen?

In der Zwischenzeit betrieb ich weiter meine Forschungen im veganen Universum im Speziellen und im ökologischen im Allgemeinen. Ich muss zugeben, dass die meisten Veganer geistig und körperlich gesund sind. Sie sind offen, solidarisch und im Wesentlichen gute Menschen. Vermutlich wäre unsere Welt ein besserer Ort, wenn überall Veganer an der Macht wären.

Natürlich gibt es Ausnahmen, beispielsweise soll auch Hitler kein Fleisch gegessen haben.

Wie dem auch sei, wer ist noch mal der beste Mensch aller Zeiten?

Selbstverständlich Jesus.

Und, war er Veganer?

Mitnichten. Er multiplizierte Fische und verschenkte sie zum Essen.

Sie waren alle Geschöpfe Gottes, das heißt, sie wurden von seinem Vater geschaffen, dennoch schien er nichts dagegen zu haben, sie zu kochen. Laut diverser historischer Quellen haben die Jünger beim letzten Abendmahl sogar Lammbraten verspeist. Bei diesem Menü würde Claudia erschaudern. Na gut, man muss Jesus zugutehalten, dass er kein Heilpraktiker war, allerdings hatte er auch nicht diesen überhöhten moralischen Anspruch, den sich heutzutage jeder Veganer auf die Fahne schreibt. Selbst in den Gleichnissen war er nicht unterlegen. Denken Sie nur mal an die Geschichte, als der verlorene Sohn zum Vater zurückkehrt und der zur Feier des Tages ein wohlgenährtes Kalb schlachtet. Das arme Tier!

Nun denn, wie steht es in anderen Ländern und Religionen?

War der für seine Güte allseits gelobte Buddha Veganer?

Antwort: Erwiesen ist es nicht, aber es scheint so.

Wie konnte er dann so dick werden?

Der Verdacht liegt nahe, dass vegane Ernährung damals nicht so gut funktionierte wie heute. Vielleicht hat der gute Buddha ja auch nur zu viel im

Schneidersitz herumgesessen. Schließlich gibt es keine Statue von ihm, die nicht so dasitzt.

Um in unsere westlichen Gefilde zurückzukehren: Es gab bisher keinen Papst, der offiziell Veganer gewesen wäre, dabei wäre das die beste Werbung für die vegane Bewegung – und für die Kirche selbst.

Abgesehen von diesen kleinen Abschweifungen muss ich zugeben, dass es mir deutlich besser geht, wenn ich mehr Sport treibe, Obst und Gemüse esse und öfter mal an die frische Luft gehe. Veganer zu sein oder es zu werden ist nicht leicht, vor allem nicht in Italien, aber es ist unvermeidbar. Die ganze Welt bewegt sich in diese Richtung, und die heutige Zeit wird als jene Phase in Erinnerung bleiben, in der alles begann. Sozusagen der Anbruch des veganen Zeitalters. Wir werden weltweit mehrere Milliarden Euro im Gesundheitswesen sparen (vertiefen Sie gerne Ihre Recherchen, wenn es Sie interessiert), wir werden länger und besser leben.

Noch schaffe ich es nicht, ein perfekter Veganer zu sein. Aber ich bemühe mich redlich, und die Nachricht von Claudias Schwangerschaft hat mir einen kräftigen Schub gegeben. Ich werde kein junger Papa sein, doch ich kann wenigstens versuchen, ein gesunder Papa zu sein. Darüber hinaus überlege ich, mich Claudias Idee anzuschließen und den Hinweisen des berühmten Onkologen Umberto Veronesi zu folgen, der da sagt: »Ich glaube, einen

Tag in der Woche ganz auf Essen zu verzichten, tut nicht nur gut, sondern formt auch den Charakter, demonstriert eine moralische Wahl und schützt die eigene Gesundheit. Eine richtige Ernährung nach den Grundsätzen der Wissenschaft und mindestens ein Fastentag pro Woche können zu einem neuen und anregenden Lebensstil führen.«

Einen Tag in der Woche ohne Essen kann ich schaffen. Das ist eine Herausforderung, der ich mich stellen werde und die ich meistern kann. Ich habe mir sogar ein Ziel gesetzt: Ich werde einmal pro Woche fasten, bevor meine Tochter geboren wird, was ungefähr zu dem Zeitpunkt der Veröffentlichung dieses Buches sein wird.

An dieser Stelle müsste ich mit dem klassischen Satz »Und sie lebten für immer glücklich und zufrieden« aufhören. Und vielleicht das Wörtchen »vegan« hinten anfügen. Besser noch »fast vegan«. Doch die Wahrheit ist, dass ich nicht weiß, was die Zukunft für mich bereithält, ob wir tatsächlich glückliche und gute Eltern sein werden und ob uns Gesundheit und Glück auch weiter hold sein werden. Mit Sicherheit weiß ich nur eines, nämlich dass ich im Frühjahr für ein paar Wochen als Orang-Utan verkleidet in Bengalen verbringen werde, um verwaiste Affenbabys mit der Flasche aufzuziehen.

Falls Ihnen in einem Anflug von Solidarität und Mitleid zufällig danach sein sollte, mir Gesellschaft zu leisten, sind Sie herzlich eingeladen. Fragen Sie nach Claudia (sie wird auch unser Kind stillen), ich bin mir sicher, nach ein paar Tagen wird ein jeder sie kennen. Sogar in Bengalen.